마켓컬리
인사이트

INSIGHT

스케일을 뛰어넘는 디테일로
시장을 장악하는 방식

마켓컬리
인사이트

김난도 지음

다산
북스

더도 말고 덜도 말고,
마켓컬리처럼

매일 아침 내가 제일 먼저 하는 일은 아파트 현관문을 열고 신문을 가져오는 것이다. 그런데 언제부터인가 신문 옆에 못 보던 택배상자가 놓여 있는 날이 많아졌다. 아내의 것이 분명하다. 새벽부터 웬 택배?

아내는 평소 물건을 살 때 인터넷이나 모바일보다는 마트에 직접 나가 구매하는 것을 선호한다. 여느 주부처럼 물건 하나를 사더라도 꽤 깐깐하게 눈으로 보고 확인하는 편이다. 예를 들면 이런 식이다. 양재동에 길 하나를 사이에 두고 큰 마트가 두 개 있는데, 두 마트 모두 주차장에 차가 들어가는 데 30분은 족히 걸릴 만큼 사람이 많다. A 마트에서 어렵게 주차를 하고 한 시간 넘게 겨우 쇼핑을 마쳤는데, 다른 물건을 사야 한다며 잠시만 길 건너의 B 마트에 들르자고 한다.

"여기서 한 번에 다 사지, 지금까지 고생한 건 뭐예요?" 하고 물으면 아내는 내 말에 아랑곳하지 않고 "고기는 A 마트보다는 B 마트가 더 낫지"라고 대답한다. 고기가 거기서 거기지 않느냐고 불평해보지만 소용이 없다.

그러던 아내가 어느 날부터는 장 보러 가자는 소리를 자주 하지 않는다. 새벽마다 신문 옆에 얌전히 놓여 있는 택배상자 덕분이다. 단단한 골판지 상자에는 보라색 글씨가 단정하게 써 있다.

'마켓컬리'

"마켓컬리? 나 여기 사장님 만난 적 있는데, 당신도 여기 알아?"

2016년부터 1년 반 동안 KBS 해피FM에서 「김난도의 트렌드 플러스」라는 라디오 프로그램을 매일 평일 아침 7시에 진행한 적이 있다. 여기에 '성공플러스'라고, 말 그대로 성공한 CEO를 일주일에 한 분씩 모셔서 인터뷰하는 코너가 있었다. 송금 애플리케이션(앱) '토스', 공유자동차 '쏘카', 캐릭터 '뽀로로', 생활자기 '광주요', 카페 '오가다' 등 유명한 기업의 창업자가 많이 출연해주었는데 그중 마켓컬리의 김슬아 대표도 출연했던 것이다.

아무래도 인터뷰는 사람에 초점을 맞추게 되고 마켓컬리는 그 당시에 큰 회사가 아니었기 때문에 회사보다는 대표라는 사람이 더 기억에 남았다. 김 대표는 미국 명문 대학을 졸업하고 세계적인 컨설팅 회사를 다니다가 신선식품을 유통하는 전자상거래 회사를 창업해 좌충우돌 고생이 많다고 했다. 인상이 아주 총명했다. 사회적으로도 인정받고 고소득이 보장되는 톱클래스 컨설턴트를 그만두고 왜 대뜸 창업을 했을까? 그것도 전략이나 마케팅 컨설팅을 하는 소위 '화이트칼라 White-collar' 회사가 아니라 채소 파는 회사를? 월마트나 까르푸 같은 글로벌 기업들이 두 손 들고 떠난 우리나라에서 식품 유통 사업을?

당시에 인터뷰를 마치고 '참 독특한 경우'라는 생각을 했는데 몇 년이 지난 후 아내가, 아니 새벽마다 신문 옆에 놓인 택배상자가 그 기억을 소환해낸 것이다. 마켓컬리의 김슬아 대표, 아니 김슬아 대표의 마켓컬리를.

나와 서울대 연구진들은 『트렌드 코리아』라는 책을 12년째 써오고있다. 이 책의 핵심은 풍부한 사례이기 때문에 우리 연구소는 늘 좋은사례를 수집하기에 바쁘다. 『트렌드 코리아 2017』에는 소유에 연연하지 않고 버리고 비우는 경향이 강해지고 있다는 내용의 '바이바이 센세이션'이라는 키워드가 등장하는데 거기에 '조금씩 사서 그때그때 소비하는 사례'로 다음과 같은 말이 나온다.

신선한 고급 식재료를 빠른 시간 내(오후 11시까지만 주문하면 다음 날 오전 7시배달) 배송하는 것으로 알려진 온라인 식재료 쇼핑몰, '마켓컬리'는 2015년5월 서비스를 시작한 이후 현재 회원 수가 10만 명을 돌파, 월 20억 원의 매출액을 기록하며 승승장구하고 있다.

- 『트렌드 코리아 2017』, 버려야 산다, 바이바이 센세이션, p.344

이것이 시작이었다. 그 이후로도 마켓컬리는 『트렌드 코리아』 시리즈의 단골 사례였다. 『트렌드 코리아 2018』에서 'B+ 프리미엄', 『트렌드 코리아 2019』에서 '필환경시대', 『트렌드 코리아 2020』에서 '라스트핏 이코노미', '편리미엄', '오팔세대' 등 매년 다양한 키워드를 통해 마켓컬리는 무려 일곱 번이나 등장했다. 또 『트렌드 코리아』는 매년 '올해의 10대 트렌드 상품'을 선정하는데, 거기에서도 마켓컬리는 '가정식 대체 상품'(『트렌드 코리아 2019』), '배송서비스'(『트렌드 코리아 2020』), '친환경 아이템'(『트렌드 코리아 2020』) 등 세 번이나 벤치마킹 사례로 뽑혔다.

이는 아주 큰 대기업에서도 보기 어려운 현상이다. 트렌드를 연구하는 입장에서 최근 트렌드에 가장 잘 대응한 국내 기업을 꼽으라면 어렵지 않게 마켓컬리를 떠올릴 수 있다. 마켓컬리는 기본적으로 식품 유통 회사다. 전혀 트렌디하지 않은 전통적인 업태다. 그럼에도 불구하고 마켓컬리를 '트렌디하다'고 평가할 수 있는 건 아이템 자체가 트렌디하다기보다는, 그 운영 방식이나 고객 가치 창출의 디테일에서 고객 트렌드를 잘 반영했다는 점이다.

이렇게 전통적인 업태에서 기술적인 전환을 모색해 새로운 가치를 창출하는 기업을 '뉴칼라New-collar'라고 부른다. 전통적인 '블루칼라Blue-collar'도 첨단의 '화이트칼라'도 아닌 새로운 직업 계층이다. 이 개

넘을 제시한 책『새로운 엘리트의 탄생』에서 저자들은 '기술이 바꿀 미래를 내다보는가', '디지털 리터러시Digital Literacy(디지털 기술에 대한 이해와 활용 능력)가 있는가', '세상을 바꾸고 싶은가', '끊임없이 변화하는가', '손잡고 일하는 법을 알고 있는가'를 뉴칼라의 다섯 가지 조건으로 들고 있다.*

이 다섯 가지 기준을 적용시켜 보면 마켓컬리는 모범적인 뉴칼라 기업이라고 말할 수 있다. 비단 유통업에 있거나 스타트업이 아니더라도, 자기 산업에서 트렌드 대응 역량을 키우고 새로운 기술적 적용을 통해 가치를 높이고자 한다면 마켓컬리에서 얻을 수 있는 통찰, 즉 인사이트Insight가 많다는 의미다. 가장 최근의 책에서 마켓컬리가 언급된 내용은 다음과 같다.

흔하고 '뻔한' 방식이 아닌 '엣지' 있게 사업을 영속적으로 진행해나갈 수 있는 차별화 전략이 마련되어야 한다. 새벽 배송의 시작을 연 마켓컬리가 그랬듯 보다 혁신적이고 발 빠른 사고를 바탕으로 차별화된 서비스에 대한 고민이 필요하다. 결국 고객의 마지막 순간과 소비자의 현관문을 잡는 자가 시장을 잡을 것이다.

- 『트렌드 코리아 2020』 라스트핏 이코노미, p.242

---

* 임미진 외, 『새로운 엘리트의 탄생』, 북바이퍼블리, 2018

이 책을 쓰면서 '마켓컬리'라는 키워드로 지난 『트렌드 코리아』 시리즈의 원고를 검색하다가 나 자신도 깜짝 놀랐다. 처음 『트렌드 코리아 2017』에서만 해도 '이런 신기한 스타트업이 있다니!' 하는 정도였는데, 해가 갈수록 비중 있게 다뤄지더니 『트렌드 코리아 2020』에서는 '마켓컬리처럼 해야 시장을 잡을 수 있다'고 키워드를 결론 짓고 있었다. 공유나 IT 서비스 영역처럼 스타트업끼리 경쟁하는 신생 산업이 아니라, 이마트·롯데마트·홈플러스 같은 유통 거인들이 치열한 경쟁을 벌이고 있는 소매 유통 시장에서 작은 스타트업 하나가 이런 성장을 이뤄냈다는 것은 사실 놀라운 일이다. 그리고 그 성장의 비결이 비단 스타트업이나 유통 업계뿐만이 아니라, 우리나라 기업과 공공 조직에 적지 않은 통찰을 준다는 생각에 이 책의 제목도 『마켓컬리 인사이트』로 지었다.

2019년 12월, 출판사에서 연락이 왔다. 마켓컬리 김슬아 대표와의 대담집을 만들고 싶다는 것이었다. 참고하라며 창업 이후 지금까지 마켓컬리와 관련된 통계와 에피소드를 담은 자료도 함께 보냈다. 연말은 『트렌드 코리아』 강연으로 언제나 바쁘고, 특히 연락받은 당시에는 『트렌드 로드: 뉴욕 임파서블』이라는 새 책을 작업하느라 정신이 하나도 없었다. 그럼에도 마켓컬리는 늘 관심의 대상이었기에 정말 일분일초를 아껴 자료를 정독했다.

자료를 모두 읽은 후 느낀 점은 두 가지였다. 내가 짐작하고 인용한 것보다 독자들에게 알리고 싶은 내용이 훨씬 더 많다는 것, 그리고 그것을 단순히 대담만으로 엮어내기에는 부족하다는 것. 그래서 출판사에 역제안을 했다. 적어도 도입 부분은 직접 원고를 쓰고 싶다고 말이다. 마켓컬리에서도 흔쾌히 동의를 해준 덕분에 책은 지금의 형태를 갖추게 되었다. 이 책은 파트별로 전반부에서는 이론적인 분석을 서술하고, 후반부에서는 김슬아 대표와의 대담을 통해 해당 주제를 보완하는 다소 독특한 이원적 형식을 띠고 있다.

집필을 위해 마켓컬리로부터 경영진과 실무자 인터뷰를 담은 자료를 제공받았고, 김슬아 대표와는 마켓컬리 본사와 물류센터에서 모두 네 차례 대담을 진행했다. 그럼에도 이 책에 나오는 모든 의견과 분석은 마켓컬리의 공식적인 입장과는 무관하며, 전적으로 필자의 개인적인 견해다. 아울러 책의 집필과 관련한 자료와 업무 현장을 참관한 것 이외에 마켓컬리로부터 어떠한 지원도 받지 않았음을 밝힌다. 되도록 객관적인 분석을 진행하고자 노력했지만, 마켓컬리에 호의적인 서술이 많아질 수밖에 없었음도 인정한다. 성장하는 한 스타트업의 사례로부터 다양한 교훈을 이끌어내기 위해 되도록 긍정적인 측면을 부각시킨 결과로 이해해주었으면 좋겠다.

모든 책이 그렇지만 이 책 역시 여러 분의 도움으로 출간이 가능했다. 책의 기획과 프레임을 잡는 작업은 2020년 1월부터, 김슬아 대표와의 대담은 3월부터 본격적으로 진행됐다. 코로나19 바이러스(이하 '코로나')로 온 나라가 공포에 떨던 시기다. 마켓컬리 입장에서는 일종의 비상사태였다. 그 바쁘고 엄중한 시기에 인터뷰 시간을 내어준 김슬아 대표와 자료 정리에 힘써준 김병완·방태욱·안지우·서주은·유채연·

백경록 님에게 감사한다. 또한 마켓컬리의 주요 투자자 중 하나인 세마트랜스링크인베스트먼트의 박희덕 대표는 투자 초반의 이야기를 많이 들려주셨다. 깊이 감사드린다. 기본 팩트의 정리를 맡아준 한보라 스토리작가와 책을 기획하고 출간을 허락해준 다산북스의 김선식 대표·임보윤·한다혜·윤유정 님에게도 감사의 뜻을 전한다.

＊　＊　＊

최근 세계 시장의 가장 확실한 트렌드는 '트렌드 그 자체'라고 할 만큼 트렌드에 대한 관심이 커지고 있다. 이 격변의 시대에 트렌드는 단지 '신조어를 표현하는 유행'의 문제가 아니다. 한 조직이 죽고 사는 '생존'의 문제다. 프롤로그를 쓰고 있는 이 순간에도 코로나 공포가 전세계를 휩쓸고 있다. 지금 많은 이의 관심사는 '어떻게 코로나 사태를 극복할 것인가?'를 넘어 '코로나 이후에는 어떠한 세상이 펼쳐질까?' 하는 문제로 모아진다. 예수 출현의 시점을 기준으로 '기원전(BC$^{\text{Before Christ}}$)', '기원후(AD$^{\text{Anno Domini}}$)'라는 말을 쓰는데, 최근에는 '코로나 이전(BC$^{\text{Before Corona}}$)', '질병 이후(AD$^{\text{After Disease}}$)'라는 말로 바꿔 쓰는 사람도 생겨날 정도다.

코로나 사태 이후 어떠한 트렌드가 펼쳐질까? 이에 대해 보고서도 조금씩 나오고 있고, 필자의 유튜브 채널 「트렌드코리아TV」에서 준비 중인 '포스트 코로나' 특집에서도 "집의 중요성이 커진다", "실업의 확산이 우려된다", "공유 경제에 타격이 불가피하다", "재택·원격·유연

근무가 표준으로 자리 잡을 것이다" 등이 자주 언급되고 있다. 코로나 사태 와중에 가장 빈번하게 쓰인 용어는 '접촉하지 않는다'는 의미의 '언택트Untact'였을 것이다. 언택트는 『트렌드 코리아 2018』에서 우리 연구진이 처음 작명해 발표한 신조어다. 접촉을 뜻하는 'Contact'에 부정의 접두어 'Un'을 합성해 만든 말인데, 2년이 지나 일반명사처럼 쓰이게 됐다. 물론 이 용어를 만들 당시에는 '챗봇Chatbot'(인공지능과의 대화가 가능한 채팅 로봇 프로그램)을 이용한 상담이나 '키오스크Kiosk'(무인 자동화 단말기)로 하는 주문 등 비용 절감이나 소비자 편의에 주목했지, 코로나와 같은 바이러스 감염 때문에 확산될 것이라는 점은 상상도 하지 못했다.

코로나처럼 전염 질환의 확산뿐만이 아니라 충격적인 재해, 급격한 경제 위기, 대규모의 사건·사고 등은 어떤 트렌드를 새롭게 변화시킨다기보다 약해지는 트렌드는 더욱 약하게, 강해지는 트렌드는 더욱 강하게 촉진하는 경향이 있다. 방향보다는 속도를 바꾸는 것이다. 코로나 사태 이후 '언택트 트렌드'도 이 같은 연장선상에 있다. 앞으로 언택트 트렌드가 더욱 강력해질 것이라는 점은 의심할 여지가 없다. 코로나 사태 당시 한국에서만 유독 '사재기' 광풍이 불지 않았는데, 학자들은 그 원인을 성숙한 시민 의식과 함께 마켓컬리를 비롯한 배송 경제의 발달로 꼽았다. '언택트 쇼핑'을 5년 전부터 차근차근 준비해 온 마켓컬리에 주목해야 할 또 하나의 이유가 생긴 셈이다.

"포스트 코로나, 그 격변의 시대에 어떻게 살아남고 성장할 것인가? 그러기 위해 알아야 할 인사이트는 무엇이고, 또 그것을 어떻게 실행에 옮길 것인가?"

이 책은 이 질문에 대한 하나의 가능성이자 성공 사례다. 적어도 지금까지의 성취로 보자면 위 질문의 답은 이렇게 정리할 수 있을 것이다.

"더도 말고 덜도 말고, 마켓컬리처럼."

2020년 5월

김난도

C O N T E N T S

PART4 라스트핏

Last Fit Maximization 고객의 마지막 경험 극대화

PART5 조직문화

Yield to Autonomous Synergy 자율적 시너지 조직

F R A M E W O R K

분석의 틀

설립 이후 지금까지 마켓컬리의 경영 실적은 놀랍다. 2015년 5월 21일 첫 서비스를 시작해 그해에만 5만 명의 회원과 29억 원의 매출을 만들어냈고, 이후 4년 만인 2019년에 389만 명의 회원과 4289억 원의 매출이라는 성장을 기록했다.

소설 『어린 왕자』에서 어린 왕자가 지적하듯이 '창가에 제라늄 화분이 놓여 있고 지붕에는 비둘기가 앉아 있는 붉은 벽돌집'보다는 '10만 프랑짜리 집'에 더 감동하는 것 같아 겸연쩍기는 하지만, 그래도 이 수치는 감동적이다. 불과 5년 만에 150배의 성장이다. 그 내막을 들여다보면 더 경이롭다. 탄탄한 물류망 투자가 기반이 되어 있지 않으면 생존이 불가능한 유통업에서, 그것도 재고 관리와 콜드체인Cold Chain(저온 유통체계)이라는 배송이 필수불가결한 신선식품 유통업에서 이 정도의 성장은 놀라운 일이다.

스타트업 천국인 미국에서는 밀키트Meal Kit(손질된 식재료·양념·조리법 세트)의 바람을 몰고 온 '블루 에이프런Blue Apron'이 추락하고 있다는 소식이 들린다. 미국 유통업에 지각변동을 일으킨 아마존마저도 신선식품 배송을 위한 '아마존 프레시Amazon Fresh' 사업에서는 난항을 겪고 있다. 우리나라에서도 위메프·배달의민족·쿠팡 등 새로운 유통의 주역들이 이 영역에서만큼은 어려움을 겪었을 만큼 신선식품 유통은 까다로운 분야다. 이에 비춰 봤을 때 마켓컬리는 여러 측면에서 탐구 대상이다. 한국에서 단기간에 빠른 성장을 이뤄낸 스타트업이라는 점, 일종의 레드오션Red Ocean(경쟁이 치열한 시장 영역)에서 새로운 트렌드를 확산시킨 트렌드 선도자라는 점, 최근 모든 시장의 화두인 '고객 지향성'을 모범적으로 실천해낸 조직이라는 점 등 우리에게 인사이트를 주는 성공 요인이 다양하기 때문이다.

다수는 마켓컬리의 시그니처이자 이제는 다른 대형 유통사에서도 모두 따라 하는 '새벽 배송'이 성장의 핵심 동력이라고 말한다. 하지만 마켓컬리의 성장사를 찬찬히 분석해보면 단지 새벽 배송 하나로 소위 '대박'을 낸 것은 아니라는 걸 알 수 있다. 우리는 새벽 배송의 아이디어를 떠올리고 실행해내기까지의 디테일한 '과정'에 주목해야 한다. 다시 말해 까다로운 고객들과 완고한 공급사 사이에서 크고 작은 문제를 해결하며 만들어낸 그들만의 운영 프로세스와 자율적인 조직문화가 성공의 돌탑을 쌓은 비결인 셈이다.

[그림 1] 마켓컬리의 성장 추이

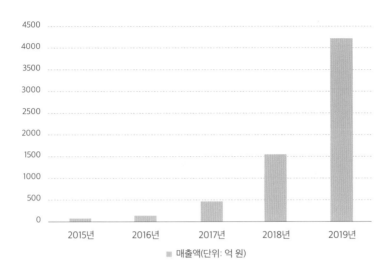

매출액(단위: 억 원)

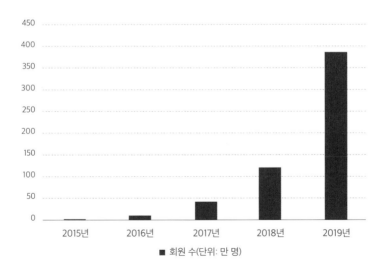

회원 수(단위: 만 명)

이 책에서는 그 과정을 살펴보고자 한다. 그러기 위해서는 먼저 분석을 위한 틀Framework을 마련해야 한다. 기업을 분석하기 위해 다양한 기준과 프레임워크가 존재하지만 마켓컬리를 위해서는 조금 새로운 틀이 필요하다. 창업 초기부터 트렌드 변화에 맞춰 조금씩 성장해온, 즉 다른 기업과는 상당히 다른 궤적으로 성장한 스타트업이기 때문이다. 트렌드 학자의 입장에서 볼 때 이는 매우 독특하면서도 모범적인 사례다. 따라서 전략·조직 관리·마케팅·R&D 역량 등의 관점으로 성공사를 바라보는 일반적인 기업 분석과 달리, 이 책에서는 마켓컬리의 트렌드 대응 역량에 특히 초점을 맞추고자 한다. 마켓컬리의 트렌드 대응 역량을 분석하기 위한 다섯 가지 축은 다음과 같다.

우선 마켓컬리는 유통 회사다. 유통사는 고객과 공급사를 연결하는 일을 한다. 그러니 당연히 ①고객과 ②공급사가 가장 중요한 축이 된다. 이어지는 문제는 이 두 당사자를 '어떻게' 이어주느냐다. 다시 말해 고객 만족과 공급사의 이윤을 동시에 만족시켜줄 수 있는 ③운영 프로세스를 어떻게 구축하느냐가 관건이다. 나아가 마켓컬리는 오프라인 매장을 운영하지 않는 비대면 유통사이므로 배송이 중요하다. 이를 『트렌드 코리아 2020』에서 분석한 용어에 따라 ④'라스트핏Last Fit'이라고 한다. 마지막으로 이러한 이슈를 해결하고 조직을 굴러가게 하는 해당 기업만의 고유한 ⑤조직문화도 검토해야 한다.

고객·공급사·운영 프로세스·라스트핏·조직문화. 이 다섯 가지가 비대면 유통사를 분석하는 5대 축이며, 이 책을 구성하는 주된 얼개다. 아주 간략하게 앞으로 살펴볼 내용을 요약해본다.

① 고객:

Keeping Customer Values(고객 가치를 향한 집념)

마켓컬리는 고객 가치를 극대화하기 위해 집착에 가까운 노력을 기울였다. 유명한 새벽 배송 시스템인 '샛별배송'도 심야의 인건비와 물류 비용을 고려했을 때 기존의 유통사에서는 가능한 일이 아니었다. 하지만 '고객이 가장 확실하게 배송을 받을 수 있는 시간대는 언제일까?' 하는 질문을 고객의 입장에서 던지자 실현 가능한 목표가 되었다. 뒤에서 자세히 설명하겠지만 샛별배송은 고객 가치를 향한 집념의 한 가지 예시일 뿐이다. 마켓컬리는 공급의 효율보다 고객의 가치를, 비용의 절감보다는 품질을 선택했다.

② 공급사:

Utmost Suppliers' Interests(공급사와의 지속가능한 협력)

마켓컬리는 서비스에 유통 플랫폼의 이윤보다는 공급사의 입장을 반영하고자 했다. '상생'을 추구한 것이다. 요즘 많은 기업에서 상생을 이야기한다. 하지만 기존의 상생 개념은 유통사가 공급사의 생사여탈권을 틀어쥔 상황에서 이윤을 조금 더 나눠주는 발상 정도다. 마켓컬리는 공급사와 더불어서 어떻게 하면 '더 좋은 상품을 통해' 서로가 윈윈Win-win할 수 있을까를 고민했다. 이처럼 '좋은 상품'이라는 개념을 통해 이윤의 제로섬Zero-sum 게임을 고객 만족의 포지티브섬Positive-sum 게임으로 바꿔낸 것이다.

③ 운영 프로세스:

Realizing Detail Management(디테일 경영 실현)

결국 가장 중요한 일은 '어떻게 실행할 것인가?'이다. 앞서 말한 고객 가치와 공급사의 이익을 '어떻게 조화시킬 것인가'가 유통 기업을 경영하는 데 핵심이다. 보통의 대형 유통사들은 이것을 '규모의 경제'로 해결한다. 최대한 많은 고객을 확보하고 이를 통해 매입 물량을 극대화해 최대한 저렴한 가격으로 상품을 확보하는 것, 이로써 이윤과 고객 만족을 추구하는 것이다. 하지만 마켓컬리와 같은 신생 스타트업에는 불가능한 전략이다. 마켓컬리는 이 문제를 스케일이 아닌 디테일로 풀었다. 즉, 규모보다는 속도를 중시해 빠르게 변화하는 고객 트렌드에 발맞추고, 경험과 감(感)에 의존했던 소싱Sourcing을 시스템과 데이터로 해결한 것이다. 고객 트렌드를 이해하는 디테일한 역량이 결국 오늘의 마켓컬리를 만들었다고 말할 수 있다.

④ 라스트핏:

Last Fit Maximization(고객의 마지막 경험 극대화)

라스트핏은 『트렌드 코리아 2020』에서 제안한 개념이다. 구매의 마지막 순간, 고객 만족을 즉각적으로 최적화하는 근거리 경제를 의미한다. 이 말은 곧 고객 만족을 결정하는 순간이 상품과 서비스 자체가 아니라 그것이 소비자와 직접, 그리고 마지막으로 만나는 지점으로 변한다는 의미다. 배송에서 말하는 '라스트마일Last Mile'이 가장 중요한 사례이기는 하지만, 그 외에도 이동Last Mobility · 지역Last Area · 구매 여정

Buying Journey(온·오프라인, 모바일 등 여러 매체를 오가며 구매 의사결정을 해나가는 과정)에서도 사용할 수 있는 개념이다. 라스트마일 대신 라스트핏이라는 용어를 사용하는 이유는 마켓컬리가 단지 '빠른 배송'만을 추구하는 게 아니라는 점 때문이다. 고객 접점에서 생길 수 있는 다양한 문제를 고민해 고객의 '마지막 경험'을 총체적으로 업그레이드하고자 했다. 라스트핏 경영을 통해 마켓컬리는 고객의 가격 가치를 시간 가치로 전환하는 데 성공했다.

⑤ 조직문화:
Yield to Autonomous Synergy(자율적 시너지 조직)

작은 스타트업은 물론이고 대기업까지 최근 많은 조직에서 유연한 조직문화를 구축하기 위해 노력하고 있다. 부장·차장 같은 직급을 없애고, 신입사원부터 회장까지 '○○(이름) 님'이라는 호칭으로 통일해 부른다거나, 좌석도 그날그날 자율적으로 정할 수 있도록 하는 등 변화의 물결이 거세다. 물론 이런 제도의 변화가 전혀 무용(無用)하다는 것은 아니지만, 유연한 조직문화를 만들어내는 것은 비단 호칭이나 자리만의 문제는 아니다. 직원 각자가 얼마나 자율적으로 의사결정할 수 있는지, 권한과 책임의 위임이 잘 이뤄져 있는지가 핵심이다. 특히 마켓컬리처럼 다양한 공급사에서 다양한 상품을 받아 다양한 고객에게 보내는 경우에는 말 그대로 정말 '다양한 상황'이 펼쳐진다. 이런 문제를 일일이 중앙에서 통제하고 명령하려 한다면 앞서 이야기한 고객 가치의 실현은 불가능하다. 어떻게 자율의 문화를 실현하면서도 각 조직 구성원 간에 시너지를 낼 수 있을까? 이는 많은 기업이 고민하는 숙제다. 마켓컬리에서는 이 문제를 어떻게 해결했는지 살펴봤다.

이러한 다섯 영역에서 고민을 해결하려는 마켓컬리의 해법을 그림 2에서 보는 바와 같이 영문으로 정리했다. 또한 그 첫 글자를 모으면 'KURLY'가 나타나도록 두운을 맞췄다. 'KURLY'로 요약되는 그들의 문제 해결 방식은 실로 '컬리 웨이Kurly Way'라고 이름을 붙일 만하다. 서울대학교 경영대학의 송재용·이경묵 교수는 "한 기업이 독특한 경영 방식을 활용하여 장기간에 걸쳐 높은 성과를 낼 때 연구자들은 경의를 표하는 차원에서 해당 기업의 경영 방식 및 시스템을 '웨이Way'라고 부른다"*라고 했다. GE의 'GE 웨이'나 삼성전자의 '삼성 웨이'가 그 예다. 물론 마켓컬리를 GE나 삼성에 비교할 수는 없다. 하지만 역사도 짧고 매출도 적은 그들의 기업 경영 방식, 특히 소비자 트렌드를 빠르고 정확하게 잡아내 대응하는 역량과 운영 프로세스는 가히 '웨이'를 붙일 수 있을 만큼 모범적이라고 생각한다.

마켓컬리는 급변하는 트렌드를 즉각 반영하고, 나아가 새로운 트렌드를 창출하는 '성장의 새로운 공식'을 보여주고 있다. 그들은 하나의 대박 상품이나 아이디어로 단번에 도약하지 않았다. 매일매일 쌓이는 고객의 소리를 해결하면서 그 나름의 시스템을 매우 모범적으로 진화시켜 왔다.

---

* 송재용·이경묵, 『삼성 웨이』 21세기북스, 2013

[그림 2] 비대면 유통사를 분석하는 5대 축과 컬리 웨이

영역	키워드	설명	컬리 웨이
고객	Keeping Customer Values	고객 가치를 향한 집념	공급 효율 → 고객 가치 비용 절감 → 품질
공급사	Utmost Suppliers' Interests	공급사와의 지속가능한 협력	이윤 → 상품 제로섬 → 포지티브섬
운영 프로세스	Realizing Detail Management	디테일 경영 실현	스케일 → 디테일 규모 → 속도 경험·감각 → 시스템·빅데이터
라스트핏	Last Fit Maximization	고객의 마지막 경험 극대화	가격 가치 → 시간 가치
조직 문화	Yield to Autonomous Synergy	자율적 시너지 조직	명령·통제 → 위임·자율

[그림 3] '규모의 경제'와 '속도의 경제' 시대 조직문화 비교

규모의 경제	속도의 경제
계획	실험
계획 실행	가설 검증
변수 최소화	속도 최대화
실패·위험 회피	학습
최적화	혁신
개선·증진	파괴적 혁신
비용 주도	기회 주도

박종훈, 「철저한 계획 대신 재빠른 실험… 그게 구글이 일하는 법」 매일경제, 2018.07.06

　　과거에 비용과 편익을 중시하던 경제 패러다임에서는 '규모'로 승부했다. 하지만 지금처럼 고객 가치와 트렌드를 중시하는 경제 패러다임에서는 '속도'가 승부를 가른다. 이전까지는 시간이 다소 걸리더라도 '철저한 계획'을 세워 실패하지 않는 비즈니스 모델을 만드는 것이 중요했다면, 이제는 순간순간 변화하는 트렌드에 맞춰 가설을 세우고 검증하며 그 경험으로 배워나가는 '학습 역량'이 중요해졌다. 또한 과거에는 위험을 회피하기 위해 변수를 최소화하고자 했다면, 이제는 빠르고 정확한 학습을 위해 속도를 최대화하는 것이 중요해졌다. 한마디로

'비용 주도'의 비즈니스가 '기회 주도'의 비즈니스로 바뀌고 있다는 의미다. 2018년 메타넷글로벌이 주최한 세미나에서 제안된 속도의 경제 시대 패러다임 변화를 요약하면 그림 3과 같다.

요컨대 마켓컬리는 '규모의 경제'에서 '속도의 경제'로 이행하는 산업 전반의 '패러다임 변화Paradigm Shift'에 가장 잘 적응하고 있는 회사다. 이러한 패러다임의 변화가 구체적인 시장 상황과 고객 가치와 만나면 다양한 트렌드를 창출하는데, 마켓컬리가 이 중 가장 크고 힘센 회사는 아닐지언정 적어도 새로운 트렌드를 적용함에 있어 주저함이 없는 가장 날쌘 회사라는 점은 분명하다. 그래서 트렌드 리더Trend Leader나 트렌드 창출자Trend Creator의 몸집을 가지지는 못했지만, 트렌드를 가장 먼저 실행해 보이는 '트렌드 선도자Trend Initiator'의 명칭을 갖는 데는 부족함이 없다.

지금 이 순간에도 마켓컬리는 모든 고객의 소리를 읽으며, 그것을 해결하기 위해 무엇인가를 고치고 있다. 그들은 실패를 두려워하지 않는다. 실패로부터 배우지 못하는 것을 두려워한다. 그런 그들이 이 학습의 과정에서 궁극적으로 지향하는 목적지는 아주 분명하다.

고객이다.

P A R T 1

고객

Keeping Customer Values

고객 가치를 향한 집념

Keeping Customer Values

Utmost Suppliers' Interests

Realizing Detail Management

Last Fit Maximization

Yield to Autonomous Synergy

유통업은
서비스업이다

마켓컬리의 성공 요인은 여러 가지로 정리할 수 있지만 그것들은 사실 모두 한 단어로 수렴한다. 또한 이는 마켓컬리가 창업한 이후 줄곧 지켜온 경영 철학과 관련 있기도 하다. 답은 앞 장의 마지막 단어, '고객'이다.

현대 산업 현장에서 '고객 중심 경영'을 내세우지 않는 회사는 없다. 심지어 관공서에 가도 '고객 만족'이라는 표어가 붙어 있다. 하지만 조직 운영이 실제 고객을 중심으로 움직이고 있는가는 전혀 다른 문제다. 예를 들어 "고객을 하늘처럼 모신다"라는 현수막이 크게 걸린 곳일수록 주차장의 가장 좋은 자리는 '높은 분'들을 위해 지정되어 있다. 고객 만족 대상을 받았다는 대형 병원에서 환자들은 "다음엔 2층 7번

방에 가서 혈액 검사를 받고 그다음엔 1층 3번 방에 가서 기다릴 것"을 요구받는다. 진정으로 고객 만족을 지향한다면 아픈 고객은 앉아 있고 고칠 사람이 움직이는 게 맞지 않을까?

이렇듯 고객 지향은 하나의 구호이자 목표일 뿐 운영의 편리성을 위해 어쩔 수 없이 희생당하는 경우가 많다. 이러한 현상은 규모가 크거나 역사가 오랜 곳에서 더욱 심하게 나타난다. 조직의 효율을 높이는 방향으로 진화하다 보니 구성원들은 그 시스템에 익숙해지고 그것이 고객에게 어떤 불편을 초래하는지에 대해서는 둔감해지기 때문이다.

마켓컬리는 5년 전 백지상태에서 "어떻게 하면 고객에게 더 좋은 신선식을 제공할 수 있을까?"라는 질문 하나로 출발한 스타트업이다. 유통 산업에 퍼져 있던 오랜 관행에서 자유로울 수 있었기에 오히려 고객 가치에 더욱 철저하게 집중할 수 있었는지도 모른다.

예를 들어 마켓컬리의 시그니처 서비스라고 할 수 있는 새벽 배송 시스템의 탄생이 그러했다. 이는 "차가 막히지 않는 심야 시간을 이용하면 배송 효율을 더 높일 수 있지 않을까?"라는 질문에서 시작된 개념이 아니었다. 마켓컬리의 샛별배송을 탄생시킨 질문은 바로 이것이었다.

"고객이 '기다린다'는 생각을 하지 않고 상품을 받을 수 있는 시간은 언제일까?"

마켓컬리가 등장하기 이전에 배송업의 화두는 단연 '빠른' 배송이었다. 많은 유통 업체가 '당일' 혹은 '○시간 내' 배송을 차별화 전략으로 내세웠다. 하지만 고객의 입장에서 생각해보면 설령 한 시간 내에 배송된다 하더라도 그 시간을 기다려주기가 쉽지 않다. 특히 일과 가사를 동시에 해야 하는 워킹맘·워킹대디라면 더더욱 그럴 것이다. 단지 빨리 오는 것이 중요한 게 아니라 '받기 편한 시간에 오는 것'이 그들에게는 진짜 필요한 서비스였다. 아주 작은 차이 같지만 고객의 입장에서 생각해보면 이렇듯 서비스의 지향점이 완전히 달라진다.

나아가 배송 효율의 개념으로 샛별배송을 구상했다면 공급사의 납품 시간이나 증가하는 인건비 문제 등으로 실행 자체를 포기했을 가능성이 높다. 하지만 고객 가치에서 출발했기에 그 결과는 달랐다. 예컨대 '출근 전에 배송받은 식품을 냉장고에 넣어두고 나갈 수 있어서 좋다'는 장점이 보이기 시작하는 것이다. 그 순간 물류의 핵심은 '무조건 빠르게 배송한다'가 아니라 '고객이 가장 편한 시간에 가장 신선한 상태로 식품을 받아볼 수 있게 한다'로 변화한다. 이를 위해 마켓컬리는 농장에서 식탁에 이르는 시간인 '팜 투 테이블Farm-to-Table' 시간을 줄여야 했고 마침내 샛별배송이라는 최선의 방식을 도출할 수 있었다.

이처럼 마켓컬리의 핵심 화두는 출발부터 '고객'이었다. '어떻게 고객 가치를 창출할 것인가?'라는 문제는 업의 정의부터 시작해 위기관리에 이르기까지 마켓컬리의 모든 경영을 관통하는 주제다.

전통적인 유통업은 고객 서비스 산업이라기보다는 장치 산업에 더 가까웠다. 장치 산업으로서 유통은 목 좋은 곳에 건물을 세우고 입점을 시키고 수수료를 받는 사업이다. 그래서 가능한 한 많은 사람이 모여들게 만들어야 한다. 그러자면 모든 상품이 입점해 있어야 하고 모든 사람이 고객이 되어야 한다. 온라인 유통도 다르지 않았다. 공간의 제약이 없으니 상품은 많을수록 좋고, 가격은 오프라인보다 무조건 싸야 하며, 모두가 살 수 있는 것을 팔아야 하고, 그래서 배송도 전국으로 다 갈 수 있어야 한다는 고정관념이 존재했다. 이처럼 유통업에서는 온라인과 오프라인을 막론하고 '규모의 경제'에 입각한 비용 절감이 핵심 이슈였다.

하지만 마켓컬리는 유통업을 '서비스업'으로 정의하고 출발했다. 많은 상품이 아니라 좋은 상품을, 무조건 싼 가격이 아니라 생산자와 소비자 모두에게 합리적인 가격으로, 모든 사람이 아니라 확실한 타깃에게 최적화된 서비스를 제공하는 것이 마켓컬리가 정의한 유통업이었다. 마켓컬리를 론칭하고 처음 만들었던 영상에는 이러한 그들의 생각이 잘 나타나 있다.

당신이 무엇을 먹는지, 어떻게 먹는지 우리는 늘 걱정했습니다. 무엇을 어떻게 먹느냐에 따라 당신의 생활이 많이 달라질 수 있다고 믿었기 때문입니다. 먼저 우리는 농산물을 잘 기르는 만큼 잘 고르기로 했습니다. 전국 곳곳을 발로 뛰며 가장 건강한 것을 찾고, 하나하나 직접 먹어가며 정직하게 자란 농산물을 골랐습니다. 그리고 우리는 당신이 건강한 농산물을 가장 신선한 상태로 먹을 수 있는 방법을 생각했습니다. 수많은 방법 중 우리가 찾은 답은 '시간'이었습니다. 이제 당신이 잠들기 전 주문한 상품들은 다음 날, 당신과 함께 아침을 맞이할 수 있게 됩니다. 우리는 당신을 위해 '시간'을 들여 건강함을 찾고, '시간'을 줄여 신선함을 살렸습니다. 수십 년 농부의 노하우

를 하루 안에 당신의 식탁에 올려놓기까지 우리는 오래 고민했고, 마침내 그 답을 찾았습니다.

"왜 온라인 마켓에서 신선한 식품을 사 먹기가 쉽지 않을까?"

창업 당시 마켓컬리 설립자들은 이런 질문을 품었다. 답은 세 가지로 모아졌다. 첫 번째 문제는 농장에서 식탁까지 이동하는 데 걸리는 시간이 길다는 것이었다. 일반 마트의 경우 상품이 산지에서 매대에 진열되기까지 대략 48시간이 소요된다. 두 번째 문제는 배송 중 신선도가 하락한다는 것이었다. 기존의 택배 시스템을 이용할 경우 상품이 실온에 장시간 노출돼 신선도가 떨어질 수밖에 없었다. 세 번째 문제는 일정하지 않은 수령 시간이었다. 고객에게 배송되는 시간을 예측하기 힘든 탓에 상품이 장시간 문 앞에서 방치될 수 있다는 문제가 발생했다.

마켓컬리의 창업은 이 세 가지 문제를 해결하는 과정이었다. 그러기 위해서는 상품의 품질·재고 관리와 더불어 배송까지도 직접 책임지는 것이 불가피하다는 결론에 이르렀다. 중간 유통 단계를 없애고 모든 상품을 마켓컬리가 직접 구매해 자체 냉장·냉동·상온 물류창고에서 보관하고, 냉장 차량을 이용해 그 상태 그대로 신선하게 배송할 수 있는 시스템을 만들고자 했던 것이다.

사실 이때까지만 해도, 아니 지금까지도 많은 인터넷 쇼핑몰은 생산자와 소비자를 연결시키는 플랫폼 역할에 불과했다. 재고 관리와 배송

마켓컬리는 새벽 배송(샛별배송), 풀콜드체인 등의
시도를 통해 온라인 신선식품 배송의 열기를 전국
적으로 퍼트렸고, 소비자들의 인식 변화까지 이끌
어냈다.

은 생산자가 책임지기 때문에 플랫폼 입장에서는 투자와 책임에서 어느 정도 자유로울 수 있었다. 하지만 이런 형태의 운영으로는 주문이 갑자기 늘어나는 등의 이유로 생산자가 적시에 물건을 대지 못하면 고객과 약속한 배송 시간을 지키지 못하게 되는 위험을 늘 감당해야 한다. 그래서 마켓컬리는 고객과의 약속을 지키기 위해 플랫폼이 직접 상품을 매입해 관리하는 것이 반드시 필요하다는 결론을 냈다.

하지만 멋진 구상을 현실로 구현하는 일은 완전히 다른 문제다. 신선식품이기에 콜드체인 시스템을 갖춰야 했는데 이는 초기 투자금은 물론 관리 비용도 어마어마하게 많이 들어가는 서비스다. 대기업도 하지 않으려는 영역을 아무런 경험과 노하우, 큰 자본도 없던 스타트업이 시작하려고 했으니 현실적인 난관이 없는 게 오히려 더 이상한 일이었을 것이다. 이 때문에 마켓컬리는 새로운 시스템의 작동 방법들을 찾기 위해 일분일초를 다투어 분투해야 했고, 2015년 중반에 50억 원의 투자를 받고 나서야 비로소 물류 시스템을 구축할 수 있었다.

뒤에서 이어질 김슬아 대표와의 대담에서 언급되겠지만 마켓컬리는 여러 차례 투자를 받아 물류 인프라를 확충해왔다. 작은 프로그램이나 앱을 만드는 회사에 대한 소액 투자가 아니라, 물류를 위해 막대한 기반 투자를 해야 하는 벤처기업에 거액을 투자한 투자자들은 대체 마켓컬리의 어떤 가치를 높이 샀을까? 모든 사업은 아이디어가 아니라 실행력의 문제로 그 성패가 귀결되고, 백지상태에서 시작해야 하는 스타트업일수록 더욱 그렇다. 결국 투자자들은 대표와 구성원들이 가진 고객 가치에 대한 집념과 그것을 현실로 만드는 실행력을 믿었던 것이 아닐까?

구체적으로 마켓컬리의 고객 지향적 실행은 좋은 상품을 큐레이션
Curation하기 위한 상품 선정 기준의 엄격화, 고객 불만 사항을 빠짐없
이 읽고 개선해나가는 제도화 역량, 그 제도를 가능하게 하는 여러 팀
의 역할 등으로 나타난다. 이번 파트에서 자세히 살펴보자.

고객은 물건이 아닌
가치를 사러 온다

방대한 콘텐츠를 자랑하는 넷플릭스를 이용해본 사람이라면 이런 고민을 한 번쯤 해봤을 것이다.

'대체 뭘 봐야 하지?'

홈페이지 화면을 이리저리 돌아다녀보지만 결정하기가 쉽지 않다. 어렵사리 마음을 정하고 하나를 보기 시작했는데 예고편만큼 재미있지는 않다. 잠시 멈추어두고 '더 재미있는 거 없나?' 하고 다시 이것저것 뒤적거리다 보면 금세 한 시간이 훌쩍 지나 있다. 결국 제대로 본 것은 하나도 없고 '시청 중인 콘텐츠' 목록만 하염없이 쌓인다.

비단 넷플릭스만의 문제는 아닐 것이다. 온라인 쇼핑을 할 때도 마찬가지다. 대안이 많다고 해서 고객은 무조건 행복해하지 않는다. 이런 현상을 『트렌드 코리아 2015』에서 '햄릿증후군'이라 이름 붙였는데, 수많은 대안 속에서 현대인들이 '결정 장애'를 앓고 있다는 의미다. 지나치게 상품이 많으면 오히려 상품에 대한 충분한 정보를 얻지 못하고 마우스 스크롤을 한참이나 내리다가 어느 순간 '에라, 모르겠다' 하며 구입을 포기하게 되는 일이 잦아지기 마련이다.

드라마나 영화야 재미가 없으면 보다 말면 그만이지만 나와 가족이 먹는 음식은 상황이 다르다. 안전해야 하고 신선해야 하며 맛도 있어야 한다. 그래서 수많은 주부가 마트에 나가 꼼꼼히 상품을 살펴보고 고르는 수고를 마다하지 않는 것이다. 하지만 온라인에서는 이렇게 하기가 쉽지 않다. "어떻게 하면 최고의 상품을 꼼꼼하게 살펴 식탁 위에 올릴 수 있을까?" 마켓컬리는 바로 이 문제를 해결하고자 했다.

큐레이션 서비스

큐레이션이란 미술관의 큐레이터가 주제에 맞는 작품을 골라내듯 고객을 위해 가장 적절한 제안을 만들어내는 작업을 뜻한다. 지금은 유튜브나 멜론 같은 콘텐츠 서비스 산업에서 일반화되면서 큐레이션은 이미 익숙한 개념이 됐지만, 마켓컬리는 5년 전 그것도 유통 산업에서 '다른 곳과는 차별화되는 경험을 제공한다'는 아이덴티티로 이를 발전시켰다. 선택에 대한 고민과 재료에 대한 걱정 없이 '장 보는 일' 자체가 생활의 즐거움이 될 수 있도록 까다롭고 어려운 식재료 검증을 대신해주고자 했던 것이다. 실제로 지금까지도 마켓컬리가 판매하는 식품 중에는 직원들이 먹어보지 않은, 그리고 만족하지 않은 상품은 단 한 가지도 없다고 한다.

마켓컬리의 큐레이션은 비단 엄선된 상품을 입점시키는 일에만 국한되지 않는다. 마켓컬리에서 '포도'를 검색했을 때 나오는 상품의 개수는 다른 곳과 비교할 때 그 수가 현저히 적다. 마켓컬리는 판매자들이 직접 모든 딜(등록된 판매 상품)을 만드는 여타 오픈 마켓과 달리 품종이나 용량처럼 고객 구매에 유의미한 차이가 있는 경우에만 딜을 진행하기 때문이다. 고객은 원산지가 어디인지 품질은 무엇이 나은지를 따져가며 구매할 필요가 없다. 이렇듯 마켓컬리의 큐레이션은 상품을 선택하고 고르는 모든 과정에서 소비자의 '결정 장애'를 해결하는 데 초점이 맞춰져 있다.

큐레이션과 같이 고객 가치의 특화를 위해서는 고객을 정확히 정의하는 작업이 출발점이 된다. 이를 타기팅Targeting이라고 한다. 그렇다면 마켓컬리의 핵심 타깃은 누구일까? 그들이 집중한 고객은 '좋은 품질에 대한 선호도가 높은 사람들'이다. 가족들의 건강한 식사를 위해 식재료의 질을 중시하는 주부, 믿을 수 있는 상품을 편안하게 받아보길 원하는 맞벌이 부부, 그리고 자신을 위한 소비에 가치를 두는 1~2인 가구 등이다.

이는 기업 입장에서 매우 현명하면서도 위험한 선택이다. 마켓컬리가 펼치는 고객 지향적 정책들은 모두 상당한 비용을 수반하는 것이어서, 가성비를 중시하는 기존의 대형마트 고객들을 타깃으로 설정하기가 쉽지 않다. 당시만 해도, 그리고 지금까지도 '프리미엄은 오프라인에서, 가성비는 온라인에서'라는 고정관념이 강하다. 그런 측면에서 볼 때 마켓컬리의 새로운 타기팅 전략은 하나의 모험이자 역발상이었다고 평가할 수 있다.

자신이 정의한 고객에 기업이 집중하기 시작하면 어떤 서비스를 해야 하고 어떤 커뮤니케이션을 해야 할지가 더 명확해진다. 어떻게 품질 검증을 보장할지, 어떤 이미지와 어떤 콘텐츠를 제공하는 게 좋을지처럼 고객의 니즈와 편의에 맞게 디테일을 구체적으로 결정할 수 있기 때문이다. 실제로 앞으로 이야기할 '상품위원회'·'샛별배송'·'풀콜드체인Full Cold Chain'·'올페이퍼 챌린지All Paper Challenge' 등 마켓컬리의 주요한 서비스와 정책들은 모두 고객 관점에서 가장 바람직한 방향을 찾으며 나온 결과물이다.

상품 선정 기준

마켓컬리가 상품을 선정하는 기준은 카테고리별로 적게는 70여 가지, 많게는 100여 가지에 이른다. 상품의 선정과 매입 과정을 의미하는 머천다이징Merchandising은 유통업에서 가장 중요한 핵심 역량이기에 어떤 회사든 상품을 검토하는 자신들만의 규격을 갖추고 있다. 마켓컬리의 경우에는 특히 이 '기준'을 강조하는데 상품 선정이야말로 고객 가치 창출의 근간이기 때문이다.

창업 초창기 마켓컬리의 MD(머천다이징 담당자)들은 "좋은 상품이란 무엇인가?"라는 주제로 굉장히 많은 논의를 했다고 한다. 어떤 상품 하나를 두고 "이건 정말 좋은 상품인 것 같다"라고 하면 "왜, 어떤 이유에서 그것이 좋다고 생각하는가?"에 대한 토론을 벌였다. 그러면 각자가 생각하는 가치와 알고 있는 지식, 그간 공부하고 조사한 자료 등을 바탕으로 긴 설명이 이어졌다. "기본적으로 안정성이라는 게 확보되어야 하고, 이 상품의 생산과 유통 과정은 이렇고, 이 상품을 만드는 사람은 이런 분이고, 이 상품에는 이런 스토리가 있다"라는 식의 이야기를 늘 나누었는데 점점 상품 수도 많아지고 MD도 많아지다 보니 그 과정을 매번 반복하기가 어려워졌다. 그래서 토론할 때 공통적으로 이야기한 내용들을 하나둘 정리하게 됐고 그게 마켓컬리만의 상품 선성 기준으로 발전했다. 이를 크게 분류하면 다음 여섯 가지 맥락이다.

1. **안정성:** 상품의 특성, 등급, 생산자 정보 등
2. **상업성:** 마켓컬리 고객 니즈 부합도, 시장 트렌드 부합도, 품질 및 가격 경쟁력 등
3. **디자인 및 콘텐츠 부합성:** 패키지 디자인, 생산자 스토리 등
4. **맛:** 맛을 보장할 수 있는 제도, 기존 소비자 반응, 상품위원회 내 관능 평가 등
5. **회사의 고객·상품·카테고리·마케팅 전략 부합 여부:** 상품 전략, 카테고리 운영 전략과의 부합 여부 등
6. **마켓컬리 철학과의 부합 여부:** 생산자와 소비자 모두의 이익에 기여하는지 등

이런 깐깐함은 초창기에 MD들이 여러 식재료의 생산지를 직접 돌아다니며 생산자들로부터 영향을 받은 측면도 있다. 파트 2에서 더 자

세히 다루겠지만 유통이 요구하지 않아도 이미 훌륭한 품질 기준을 갖추고 있는 공급사가 많았다. 그런 공급사를 만나면서 '왜 유통사가 더 철저하고 까다롭고 엄격해야 하는지'에 대해 많은 감화를 받았다고 한다. MD 스스로 높은 기준을 세워야 한다는 생각을 저절로 할 수밖에 없게 된 셈이다. 그리고 이 기준은 상품 카테고리가 확장될 때마다 내용을 재점검하고 업데이트하면서 점점 고도화됐다.

사실 '70여 가지의 기준을 갖고 있다'는 것 자체가 특별한 일은 아닐지도 모른다. 앞서 말했듯이 모든 회사의 매입 부서에서 이러한 기준을 가지고 있다. 중요한 건 실제로 이 기준을 얼마나 엄격하게 적용하고 지키는지 여부다. 마켓컬리에서는 이를 위해 특별한 회의를 진행한다. 매주 목·금요일에 해당 기준에 따라 검토된 상품을 평가하는 '상품위원회'가 그것이다. 파트 3에서 더 자세히 다루겠지만 이 자리에는 대표부터 MD팀·에디터·프로모션 마케팅 담당자·물류센터 납품 담당자 등이 참석해 담당 MD가 기획한 상품을 직접 사용하거나 맛보며 70여 가지 기준에 따라 심사한다. 즉, 마켓컬리의 모든 상품은 이 상품위원회를 통과한 결과물인 셈이다.

마켓컬리의 상품 선정 기준이 깐깐하고 엄격하다고 말하는 건 단지 심사 항목이 많아서가 아니다. 실제로 그 기준을 모두 지키고 있기 때문이다. 만약 이 기준들 중 몇 개를 조금 느슨하게 생각했다면 현재 마켓컬리에서 판매하는 상품은 훨씬 더 다양했을 것이다.

다행인 점은 공급사들도 유통사가 그렇게 자세히 뜯어보고 따져보는 것을 싫어하지 않는다는 점이다. 자신들의 제품에 그만큼 관심을 갖고 있다고 생각해서다. 마켓컬리의 MD들을 인터뷰해보면 품질에 대한 강박과 자부가 강하게 느껴진다.

"매출에 대한 압박보다 품질에 대한 압박이 더 크다. 그게 힘들 때도 있지만 사실은 정말 좋은 현상이라고 생각한다."

"다른 데서는 공급사들을 만날 때 무조건 싸게 해달라든가 더 잘 팔리는 것들을 가져와달라고 말하는 경우가 많은데 그런 게 사실은 더 내적 갈등이 크다. 우리는 상품에 대해 생각하고 고민하는 기획을 할 수 있으니 MD로서 뿌듯할 때가 많다. 공급사와 함께 고민하며 성장한다는 걸 체감할 수 있는 점도 좋은 부분이다."

허영만 화백의 『식객』이라는 만화를 보면 좋은 음식을 만들기 위해 좋은 재료를 찾아다니는 에피소드가 참 많이 나온다. 처음 책을 펼쳤을 때는 특급 주방장만이 가지고 있는 특별한 요리 비법이 나올 거라고 기대했는데, 만화의 대부분은 좋은 상품을 생산하는 산지를 찾아다니는 내용이었다. 그렇다. 어떤 비밀 레시피도 좋은 원료보다 우선할 수는 없는 법이다.

유통업도 마찬가지다. 일단 깐깐한 기준으로 좋은 상품만을 선별해 갖춰둔다면 고객은 그 안에서 무엇을 골라도 안심하고 또 신뢰할 수 있다. 2020년 3월의 어느 금요일, 마켓컬리의 상품위원회를 참관했는데 대표와 MD들이 세세한 부분까지 점검해가며 시간과 공을 들이는 모습이 인상 깊었다. 그전까지만 해도 '할 일 많은 대표가 매주 목·금요일을 통째로 이 일에 쓰는 게 과연 효율적인가?' 하는 의문을 잠시 품었는데 참관 이후 그 의문점이 자연스럽게 풀렸다. 좋은 상품을 선별하는 일이 고객 지향성의 첫걸음이기에 그만한 시간 투자에 값했던 것이다.

고객의 한마디에
경영의 답이 숨어 있다

고객 가치를 극대화할 때 가장 우선해야 할 작업은 고객의 불만을 최
소화하는 일이다. 고객 불만을 VOC^{Voice of Customer}라고 하는데 이는
곧 '고객의 목소리'라는 뜻이다. 물론 고객의 목소리에는 칭찬이나 건
의도 있지만 대체로 불만인 경우가 많아서 VOC는 흔히 회사의 소비
자 보호 부서나 콜센터에 접수되는 고객 불만 사항을 말한다. 큰 회사
의 경우 업무 분장이 확실한 까닭에 주로 고객 불만 전담 부서나 고객
만족 부서에서 VOC를 독립적으로 응대하고 처리한다.

접수된 VOC 중 근거가 있는 내용이라면 제품 개발 부서나 서비스
기획 부서에 공유해 향후 동일한 문제가 발생하지 않도록 하는 것이
가장 원천적인 해결 방법이겠지만, 대체로 조직 간 벽^{Silo}이 높기 때문

에 큰 회사일수록 이런 일이 쉽게 이루어지지 않는다.

고객 의견과 시스템 개선의 연계

마켓컬리에서 가장 인상적인 점은 VOC와 고객 리뷰가 운영 전반의 시스템을 개선하는 데 중요한 동력으로 작용하고 있다는 것이다. 백지 상태에서 시작했기 때문이기도 하지만 '고객 가치에 무서울 정도로 집착'하기 때문에 가능한 일이기도 하다. 마켓컬리는 VOC 하나하나에 집착하고 'VOC 0퍼센트'라는 목표를 강조한다.

VOC 0퍼센트는 고객 응대 부서에서 연신 "죄송합니다" 하고 사과하는 것만으로는 이루기가 어렵다. '왜 이야기를 듣기도 전에 그토록 화를 낼까?', '어떤 지점에서 그렇게 화가 났을까?', '어떻게 이 문제가 재발하지 않도록 해결할 수 있을까?' 하는 질문과 그에 대한 해결책이 뒤따라야만 가능하다.

마켓컬리를 론칭하고 3개월여가 지난 2015년 8월의 일이었다고 한다. 불같이 화를 내는 고객의 전화를 받았다. 고객은 오렌지주스를 주문해서 받았는데 유통기한이 하루 남아 있었다고 했다. 원래는 3일 남은 주스를 배송하는 게 원칙인데 실수가 발생한 것이다. 고객은 평소에 늘 주문해서 먹던 것이라 당연히 3일 남았겠거니 하며 마시다가 날짜를 발견하고는 크게 분노했다.

"내가 자주 주문하니까 만만해요? 일부러 이러는 거예요? 당신들도 결국 다를 게 없어요. 지금 당장 집으로 와서 남은 거 직접 다 마시고 가세요!"

이 문제를 두고 고객의 화가 누그러질 때까지 콜센터 직원이 사과하며 환불 조치를 하고 넘어갔다면 여느 회사와 다를 바 없었을 것이다. 진정한 '해결'이란 이런 문제의 재발을 원천적으로 차단하는 일이다. 마켓컬리는 유통기한과는 별도로 자체적인 '판매기한'을 설정해 이 문제를 해결했다. 마켓컬리에서 말하는 판매기한이란 상품별로 신선도를 유지하기 위한 최적의 기간으로, 실제 적용되는 유통기한보다 짧은 경우가 대다수다. 이 판매기한이라는 개념 때문에 '하루살이 상품'(낭일 판매가 되지 않으면 폐기하는 상품)의 비중이 높아졌지만 위와 같은 고객 불만은 최소화할 수 있었다. 판매기한에서 비롯된 에피소드도 많은데 한번은 서비스 초기에 발주량 산정을 잘못하여 엄청난 양의 성게알(우니)이 남은 적이 있었다. 섭취에는 문제가 없을 만큼 유통기한은 남아 있어서 한동안 마켓컬리 직원들은 라면에 성게알을 넣어 먹는 등 그들만의 성게알 파티가 열렸다고 한다.

마켓컬리 MD들이 매일 하는 업무 중에서도 중요한 비중을 차지하는 것 중에는 고객들의 리뷰를 확인하는 일이 있다. 불만족 후기나 불만 사항 같은 경우는 필수적으로 피드백을 전달해야 하기도 하지만, 어떤 VOC는 회사의 새로운 상품을 개발하는 데 계기가 되어주기도 한다.

실제로 마켓컬리에서 판매하는 레몬즙은 VOC가 만들어준 상품이다. 언젠가 생연어 상품을 주문한 고객이 이런 후기를 남겼다.

"생각했던 것보다 너무 비리네요. 레몬 한 개라도 같이 넣어주면 좋겠어요."

아무리 비린 맛에 민감한 소비자라고 해도 '연어에 레몬을 넣어달라'는 것은 무리한 요구다. 설령 레몬을 제공하더라도 고객의 불편Pain Point은 여전히 남아 있다. 생선의 비린 맛을 잡는 데 레몬 생과 하나를 다 쓰지는 않기 때문이다. 결국 남은 레몬은 냉장고에 들어가고 그렇게 몇 달간 묵혀 있다가 그대로 쓰레기통으로 향하는 경우가 대부분이다. '그렇다면 한 번에 간편하게 쓸 수 있는 레몬즙은 없을까?' 바로 그런 생각으로 제품을 찾다가 발견한 상품이 바로 마켓컬리의 일회용 레몬즙이다.

나아가 VOC는 회사의 핵심 역량과 직결되는 경우도 있다. 첨가물이 없는 젓갈 제품을 판매하기 시작할 무렵 "너무 빨리 삭는다"라는 고객 후기가 올라왔다. 250g으로 판매했는데 보존료인 첨가물이 없다 보니 기온이 높을 때는 통상적인 상품보다 삭는 시간이 더 빠르다는 문제가 발생한 것이다. MD들은 이 문제를 어떻게 해결할지 고민에 빠졌다. 처음에는 유통 방법을 냉장에서 냉동으로 바꿔보았다. 그런데 반찬이다 보니 냉동 형태가 적당하지 않아서 결국 다시 냉장으로 바꿔야 했다. 그러자 아니나 다를까 다시 발효 속도를 두고 고객의 불만이 접수됐다.

우여곡절 끝에 얻은 결론은 하나였다. 배송까지의 시간을 최대한 줄이고 고객이 받았을 때 최대한 빨리 먹을 수 있는 양으로 바꾸는 것. 결국 250g짜리 용량을 150g으로 바꾸기로 했다. 소포장으로 바꾸는 일이 소비자에게는 별일 아닌 것처럼 느껴지지만 사실 생산자와 유통사 입장에서는 굉장히 고생스러운 작업이다. 패키지를 전부 바꿔야 하고 손도 훨씬 더 많이 간다. 하지만 '고객이 원한다'는 단순하지만 원초적인 이유 하나로 마켓컬리는 그 모든 고통을 감수했다.

이 책을 집필하면서 다양한 자료를 봤지만 개인적으로 나는 이 사례가 가장 마켓컬리답고 오늘의 마켓컬리를 있게 한 가장 중요한 장면이었다고 생각한다. 사실 판매를 완료한 젓갈이 시간이 지나면서 삭는 일은 유통사의 책임이 아니다. 더군다나 소포장으로 바꾸기 위해서는 상당한 비용과 시간을 들여야 한다. 어쩌면 쉽게 넘어갈 수 있는 삭은 문제를 '고객 가치' 하나를 위해 해결하고자 했던 진정성이 엿보이는 사례가 아닌가 한다.

김슬아 대표와의 대담에서 "본인이 마켓컬리에서 수행하는 업무 중에 가장 중요한 것이 무엇입니까?"라고 질문했을 때 김 대표는 예상밖의 대답을 했다. '비전을 제시하는 사람'과 같은 답변을 기대했는데 그는 이렇게 답했다.

"저는 VOC를 읽는 사람입니다."

깜짝 놀라지 않을 수 없었다. VOC에는 날 선 불만과 읽기 힘든 표현이 섞여 있는 경우가 많다. 그것을 대표가 직접, 그것도 전부 읽는다는 것은 결코 쉬운 일이 아니다. 단지 VOC를 읽는 데 그치지 않고 그것을 근본적으로 해결하기 위한 방안을 지시하고 고민하는 것이 본인의 일이라고 정의했다. 어느 소비자 부서 담당 직원이 퇴직하면서 "VOC를 읽고 개선을 지시할 때까지 잠깐의 여유를 가져달라"는 뜻으로 김 대표에게 3분짜리 모래시계를 선물했다는 에피소드가 단지 예사롭게 들리지 않았다.

사용자 경험 구축

온라인 회사에는 물리적인 매장이 없기 때문에 홈페이지나 앱 화면 안에서 모든 고객 활동과 경험이 이루어진다. 그래서 홈페이지 설계와 디자인은 온라인 회사의 핵심 경쟁력이다. 단순히 좋은 상품을 많이 갖추고 예쁘게 디자인하면 되는 게 아니다. 이를 '사용자 경험' 혹은 UX User eXperience라고 하는데, 우리가 어떤 특정 온라인 쇼핑몰을 이용할 때 '어딘가 불편하다'고 느낀다면 이 UX에 문제가 있는 것이다. 아무리 효율적인 시스템이라고 해도 고객이 불편하다면 불편한 것이 맞다. 그래서 한 회사의 시스템 전체를 철저하게 고객의 관점에서 바라보는 일이 중요하다. 마켓컬리의 프로덕트팀은 고객이 그 모든 과정에서 더 나은 경험을 하도록 인터페이스를 설계하는 역할을 한다.

마켓컬리 UX에서 고객 경험을 이야기할 때 자주 언급되는 대표 영역이 몇 가지 있다. 예를 들면 '레시피 Kurly's Recipe'라는 코너다. 이 영역에서는 마켓컬리에서 주문한 식재료로 어떻게 요리하면 좋을지 고민하는 고객들을 위해 다양한 요리 레시피를 제공한다. 가령 '꽃게 로제 파스타'라는 요리를 선택하면 실제 요리 이미지와 함께 레시피를 볼 수 있고, 해당 요리에 쓰인 재료의 상품 목록도 확인할 수 있다. 해당 요리를 해 먹고 싶은 고객들은 이 영역에서 필요한 재료를 한꺼번에 주문하면 되는 식이다. '베스트 후기'도 마켓컬리 홈페이지에서 특징적인 영역 중 하나다. 자신이 구매한 제품을 실제로 어떻게 만들어 먹었는지 정성껏 사진을 찍어 올린 후기들이 모여 있기 때문에 특히 단골 고객들이 자주 이용하는 코너다.

마켓컬리의 '베스트 후기' 코너에는 고객들이 자발적으로 써준 다양한 레시피와 상품 활용 방법 등이 올라와 있다.

앞서 말한 바와 같이 마켓컬리의 고객 후기는 단순한 VOC 이상의 의미를 지니고 있어서 성의 있는 후기가 더 많이 올라올 수 있는 인터페이스를 설계하는 일이 매우 중요하다. 이 때문에 마켓컬리는 '후기 개선 프로젝트'도 진행했다. PC나 스마트폰 등 디바이스별로 고객들이 후기를 좀 더 쉽게 쓸 수 있도록 가이드 텍스트를 제시한다거나 후기 작성 루트를 추가하는 등 여러 가설을 세우고 테스트한 것이다. 그 결과 실행 전후 4주간 후기 작성 수가 200퍼센트 상승했고, 작성된 후기의 텍스트도 평균 20자가량 증가했다. 카테고리와 상품 목록도 마찬가지다. 이때는 사용자 리뷰를 참고했다. 어떤 회사는 일부러 후기를 달기 어렵게 유도하기도 하는데, 참으로 대단한 집념이라 평가할 만하다.

"카테고리를 한 번에 볼 수 있으면 좋겠어요."

"소시지를 사고 싶은데 정육 코너에 들어가야 하는지 반찬 코너에 들어가야 하는지 모르겠어요."

"카테고리 분류가 더 체계적이면 좋겠어요."

"앱에서 검색 창을 한참 찾았어요. 보통은 위에 있는데 밑에 있더라고요."

마켓컬리에서는 이러한 고객 리뷰를 바탕으로 무엇을 고민해야 하는지 그 포인트를 정리한다. '현재 카테고리 분류는 탐색을 충분히 돕는가?', '사용자는 왜 카테고리를 복잡하다고 인식하는가?', '고려해야 할 카테고리의 방향성과 확장성이 있는가?' 프로덕트팀에서는 이런 방식으로 하나씩 해결 방안을 도출하고 개선하는 일을 계속하고 있다.

사진과 제품 설명도 마찬가지다. 해당 제품만의 맛과 느낌을 있는 그대로 전하기 위해 에디터는 고객이 그 맛을 상상할 수 있도록 글로 풀어내야 한다. 맛은 제품마다 다 다른데 그게 어떻게 다른지를 표현해야 하는 것이다. 방법은 결국 '고객'에게서 찾는 수밖에 없다. 고객의 눈과 마음에 이입하기 위한 노력이 필요하다. 그래서 마켓컬리의 에디터들은 항상 가상의 고객을 상상하고, 그 가상의 고객 한 명을 타기팅해 글을 쓴다. 예컨대 닭가슴살 제품이라면 단순히 제품 설명에만 치우치기보다는 다이어트하는 사람을 상상해야 한다. '기왕이면 샐러드를 편하게, 기분 좋게 먹고 싶다' 혹은 '쉽게 먹을 수 있나? 데워서 바로 먹을 수 있나?'와 같이 다이어트를 위해 노력하는 사람의 입장이 돼야 하는 것이다.

콘텐츠를 만들 때뿐만 아니라 그 이후에도 고객의 목소리는 중요하다. 언젠가 아이 간식 기획전 메인 배너에 들어간 "엄마도 바쁜 새 학기, 아이 간식은 컬리에서!"라는 카피를 보고 한 고객이 "왜 아이 간식 준비는 모두 엄마의 몫인가요?"라는 의문을 제기했다. 이에 곧바로 "새 학기 넘치는 에너지, 간식으로 채워주세요!"라고 수정했다. 또한 리빙 카테고리에 있는 목욕솔 제품은 사용 후 고객이 남긴 "생각보다 뻣뻣하다"라는 후기를 보고 바로 솔의 강도에 대한 설명을 추가해 고객이 쉽게 받아들일 수 있도록 조치했다.

사실 제품의 콘텐츠나 이미지는 제품 판매에 영향을 줄 때도 있고 그렇지 않을 때도 있다. 공을 많이 들인 제품이 큰 반응을 얻지 못하는 경우도 있고 가벼운 마음으로 론칭했는데 반응이 뜨거운 경우도 있는 것이다. 고객의 반응을 예상한다는 건 그래서 늘 어려운 일이다. 이 어려움을 해결하는 방법은 한 가지다. 이렇게도 해봤다가 저렇게도 해봤다가 다양한 시도들을 계속해보는 것, 즉 검증되어야만 시도하는 게 아니라 일단 부딪쳐보는 것이다. 그리고 바로 이러한 가설 검증 역량이 현대 경영의 핵심이다.

Kurly's 동물복지 우유

월간 테마관 | 2월
나를 위한 장 관리
02

컬리 백서
지금! 안 챙겨
먹으면 손해
· 해산 손질법 ·
MARKET Kurly

Seoul
Gourmet
Guide

2
3

1   마켓컬리는 인스타그램 계정을 통해 다양한 상품 사진과 이벤트 이미지를 게시하고 있다. 이뿐만
         아니라 팔로워들의 푸드스타일링 사진을 리그램(공유)하며 지속적으로 고객과 소통하고 있다.

2   마켓컬리는 상품 사진을 통해 해당 상품 본연의 모습을 보여주고자 노력하고 있다.

3   상품별로 업로드되는 조리 컷은 많은 고객이 실제 가정에서 푸드스타일링을 하는 데 팁을 제시
         한다.

위기관리 능력이
진짜 실력이다

좋은 상품을 확보하고 고객의 불만을 잘 처리하는 것만큼이나 중요한 일은 고객 스스로도 알지 못하는 잠재된 니즈를 파악하고, 나아가 예기치 못한 위기 상황을 유연하게 관리하는 것이다. 마켓컬리가 그동안 어떻게 고객 지향을 실천하기 위해 조직적으로 대응을 시도했는지 살펴보자.

CI팀과 CC팀

마켓컬리에는 유독 C로 시작하는 팀이 많은데 물론 여기서의 C는 Customer, 즉 고객이다. 그중 대표적인 것이 CI$^{Customer\ Initiative}$팀이다. 이들은 고객을 분석하고 고객과의 관계를 유지하기 위해 관련 제도를 만들거나 개선하며, 고객의 관점에서 유의미한 전략과 계획을 세우고 실행한다. 즉, CI팀은 고객에게 먼저 '좋은 제안'을 하는 역할을 맡는다.

기본적으로 CI팀은 고객과 관련한 여러 데이터(신규 회원 수·기존 고객의 매달 구매 횟수·건당 장바구니 결제 금액 등)를 기반으로 고객을 분류Segmentation하고 어떤 고객에게 어떤 혜택을 제공하는 게 좋을지 고민하며 의사결정을 한다. 기존 고객들에게 리워드·쿠폰을 지급하거나 배송비 혜택을 지원하는 등의 활동을 통해 시속적인 구매를 유도하는 것이나.

예를 들면 이렇다. '컬리 러버스'(매달 실결제 금액에 따라 단계별 혜택을 제공하는 회원 등급 제도) 고객 3만 명에게 문자를 보낸다고 한다면 그 3만 명에게 같은 내용을 전달하는 게 아니라 3만 명을 특성별로 세분화해 열 조각으로 나누어 발송한다. 자주 구매하는 상품을 기반으로 보낸다거나 해당 고객의 소비 패턴상 가장 유용할 것으로 기대되는 혜택을 제안하는 식이다.

한편 CCCustomer Communication팀은 고객이 원하는 아주 디테일한 기대나 바람을 듣고 거기에 부응하는 역할을 한다. 요즘 고객들은 제품에 대한 기준이 무척 높다. 실제로 마켓컬리에서 코코넛워터 제품을 판매했을 때 "원숭이의 권리도 생각해주세요"라고 이야기한 고객도 있었다고 한다. "TV에서 봤는데 원숭이를 사육해 무자비하게 코코넛 따는 일을 시키며 코코넛 상품을 만드는 문제가 나왔다"라면서, 마켓컬리에서 파는 제품이 혹시 그런 농장에서 만드는 건 아닌지 알아봐달라는 내용이었다. 확인한 후 분명한 답을 제공하긴 했지만 요즘 고객들이 하나의 제품에 대해 얼마나 다원화된 요구를 하고 있는지 잘 보여주는 사례다.

앞에서 이야기했듯 고객의 불만 사항은 MD에게 기획의 기회가 되기도 하지만 CC팀에는 올바른 피드백을 전달해야 할 의무와 문제를 해결해야 할 책임이 된다. 마켓컬리는 이를 '고객만족센터'가 아닌 '고객행복센터'라 이름을 붙여 관리하고 있다.

관리자 한 명과 상담원 두 명을 두고 시작한 CC팀이었는데 지금은 많으면 하루에 1500건 이상의 고객 상담을 받을 정도로 그 규모가 커졌다. VOC는 전사적으로 매우 중요하게 생각하는 이슈이므로 관련 담당자들은 거의 실시간으로 내용을 공유하며 논의를 벌인다. 만약 제품과 관련해 '아이'·'생일'·'파손'·'상함'과 같이 중요한 키워드가 들어간 VOC가 발견되면 특정 문제를 전문적으로 전담하는 상담원이 정확한 대응과 답변을 하도록 했다. 행여 문제가 확인되면 퀵 서비스를 이용해서라도 빠르게 제품을 재배송하거나 교환·환불 처리를 한다. 또한 첫 구매를 한 고객에게는 다음 날 해피콜을 통해 만족도를 파악한다. 첫 구매 이후 물품은 잘 도착했는지, 배송받은 물건에 만족하는지 등을 질문하고 직접 보살피는 것이다. 더불어 오랫동안 등급을 유지했다가 이탈한 고객들에게는 '리커버리콜'을 진행한다. 어떠한 문제점으로 이탈했는지 정중하게 확인하고 그 문제점을 개선하는 프로젝트를 만들기 위함이다.

마켓컬리에 자신의 의견을 전해오는 고객은 직접 전화를 걸어오는 고객, 카카오톡으로 문의를 해오는 고객, 일대일 채팅 상담을 이용하는 고객 등 크게 세 가지 유형으로 나뉜다. 어떤 경로로든 마켓컬리는 고객의 불만 사항이 접수되면 응대가 끝난 이후에도 또다시 연락을 취해 고객의 의견이 어떻게 반영되었고 해결되었는지를 안내하는 걸 원칙으로 삼는다.

이를테면 고객의 후기로 인해 상품의 질이 개선되었을 때 해당 후기를 남긴 고객에게도 이 소식을 공유한다. 사실 고객 응대가 이미 끝난 건으로 재연락을 하는 곳은 흔치 않다. 이미 해결된 사안에 대해 또다시 연락을 취하는 일은 효율성이 떨어질뿐더러 경우에 따라서는 고객이 귀찮다고 생각할 수 있기 때문이다. 그럼에도 마켓컬리가 이를 다시 검토하고 고객에게 안내하는 프로세스를 유지하는 이유는 그것이 고객에게 분명하고 책임 있는 피드백을 전하는 올바른 자세라고 믿기 때문이다. 이에 대해 고객 반응을 조사해본 결과 "케어받는 느낌이 들어 만족한다"는 답이 많았다고 한다. 그 대신 회사가 성장하는 만큼 소화해야 하는 고객 응대 건수도 많아지고 있어서 고객 상담에 대한 더 많은 투자가 필요하다는 점은 앞으로의 과제로 남아 있다.

이 같은 고객 커뮤니케이션이 꼭 CC팀만의 일은 아니다. 마켓컬리는 명절이나 위기 상황처럼 특별한 이슈가 있을 때는 김슬아 대표의 이름으로 직접 메일을 보낸다. 2020년 초 코로나 사태에 따른 판매 지연이 있었을 때도 김 대표는 서비스 경험 저하에 대한 양해 메일을 직접 작성해 송부했다. 이 메일에 무려 수백 통의 답장이 왔는데 이러한 고객의 편지에도 대표가 직접 일일이 회신을 하고 있다고 한다. 과연 이런 업무가 대표가 하기에 적당한 일인가 하는 의문을 품을 수 있겠지만, 이러한 진정성 있는 대응이 마켓컬리의 팬을 만들어낸 비결이

안녕하세요,
마켓컬리 대표 김슬아입니다

코로나19 확산으로 인해 심려가 깊으실 텐데요.
고객님과 가족분들 모두 건강하시기를 진심으로 기원합니다.

먼저, 바이러스 확산으로 인한 주문 폭주로
주문 및 배송에 불편을 끼쳐 드려 대단히 죄송합니다.

많은 분들이 외출을 자제하시면서, 코로나19 확진자의
동선과 겹치는 지역은 주문이 급증하고 있습니다.

고객님의 소중한 주문 건을 처리하는 것 또한 중요하지만,
최우선시되어야 할 사람은 컬리를 믿고 상품을
주문해주신 고객님과 물류센터를 책임지는 컬리 임직원,
상품을 공급하는 생산자 모두의 안전과 건강입니다.

매시간 여러 지역에서 확진자가 발생하고 있기 때문에
상품 포장/배송 담당 직원과 물류 센터에 상품을
입고하는 담당자의 체온을 매일 체크하고
마스크 착용을 필수로 하고 있습니다.

또한 확진자 발생 지역에 거주하는 직원은
증상 없음이 확인될 때까지 출근하지 않는 것이 원칙이기에,
작업에 충분한 인원 투입과 상품 수급이 어려운 상태입니다.

처리 가능한 수준에서 주문을 받고 있지만,
실시간으로 상황을 조율하다 보니 조기 품절과 배송 지연 등의
이슈가 발생해 관련 문의가 평소 대비 5배 이상 증가,
답변까지는 평균 4일 정도 소요되고 있습니다.

답답함과 불편을 느끼셨을 고객님들께
다시 한번 사과드립니다.

컬리는 조속한 시스템 정상화를 위해
비상 체제에 돌입하였습니다.

고객행복센터에서는 최선을 다해 순차적으로
답변을 드리고 있으며, 인력 증원 또한 준비하고 있습니다.

시간이 조금 걸리더라도 사이트 내 1:1 문의를 남겨 주시면
고객님의 입장에서 문제 해결을 도와드리겠습니다.

모두가 어려운 상황이지만, 컬리가 고객님들께
도움이 되기를 바라는 마음으로 컬리 임직원은
밤낮을 가리지 않고 열심히 일하고 있습니다.

부족함이 많더라도 너그러운 양해를 부탁드리며,
늘 최선을 다하는 모습으로 보답하겠습니다.

감사합니다.

김슬아 드림

─── 코로나가 한창 확산될 무렵 마켓컬리의 주문량은 그들이 매일 소화하던 범위를 넘어섰다. 이에
김슬아 대표는 마켓컬리 인스타그램 계정을 통해 주문·상담 지연에 관한 사과문을 발표했다.

아닐까 생각한다.

위기관리

전설적인 투자가 워런 버핏은 이런 말을 남겼다.

"물이 가득 찬 수영장에서는 모두 우아하게 수영을 한다. 그러나 물이 빠지고 나면 누가 벌거벗고 있는지 알 수 있다."

주식 가격이 폭등하는 주식 시장의 대세 상승기에는 누구나 돈을 벌수 있는 만큼, 주식 가격이 폭락하거나 급등락하는 위기가 닥쳤을 때 비로소 투자자의 진짜 실력이 드러난다는 얘기다. 유명한 버핏의 '수영복 검사Naked Swimmer Test' 개념이다.

고객 관계 역시 마찬가지다. 버핏의 수영복 검사처럼 그 기업이 고객을 얼마나 생각하는지는 기업이 위기에 빠졌을 때 비로소 드러난다. 즉, 사업이 잘되고 고객 관계가 원활할 때는 너도나도 고객 지향적이라고 주장할 수 있다. 하지만 해당 조직의 고객에 대한 '진짜 실력'은 크고 작은 위기 속에서 드러나는 법이다.

2017년 9월 20일, 마켓컬리 서버에서 세 차례에 걸친 해킹 시도가 있었다는 게 감지됐다. 당시 개발팀에는 정확한 해킹 인지 툴이 도입되지 않은 상태였고 해킹 시도로 의심되는 기술적인 로그만 남아 있는 상황이었다. 지금이야 보안 모니터링 툴이 탑재되어 있어 침입 시도들을 알아서 감지하고 차단하지만 그때는 그러지 못했다. 모르고 넘길수도 있는 문제였는데 이상하다는 생각에 분석해보았고 '침입 시도가 의심된다'는 점을 파악할 수 있었다.

곧바로 각 팀의 리더가 모여 대책을 논의했다. 이어 모든 사실을 고객에게 있는 그대로 공지하기로 결정했다. '해킹이 되었다, 아니다'를 따지는 일이 중요한 게 아니었다. 의심이 되는 사고가 발생했고 이를 고객에게 알려야 할 책임이 중요했다. 일단 당일 홈페이지에 "고객 여러분께 머리 숙여 사과드립니다"라는 제목으로 팝업 공지를 띄웠다. 해킹이 발생해 고객 정보의 일부가 유출되었다는 사실과 구체적인 유출 정보의 항목을 공개했고, 피해 예방을 위해 문제를 인지한 즉시 한국인터넷진흥원에 자진 신고해 필요한 조치를 취하고 있음을 알렸다. 일주일 안에 서버도 옮겼다. 그리고 그 후 몇 개월 동안 개발팀의 모든 어젠다는 '보안'이었고 그와 관련된 조치들을 최우선 순위로 진행했다.

보통의 경우 문제가 발생한 뒤 고소해오는 사람을 대상으로만 책임 사유를 증명하거나, 인지조차 하지 못한 채 수사 기관을 통해 연락받는 경우도 다반사다. 그런데 마켓컬리는 이례적인 대응을 했다. 해킹된 정보 또한 10만 건으로 예상했지만 의심되는 것들까지 포함해 총 35만 건으로 공표했다. 이 정보 유출 사건은 큰 문제였지만 오히려 그로 인해 마켓컬리가 더 단단하게 성장할 수 있는 변곡점이 되어주었다. 힘들어도 정공법으로 가는 '가장 마켓컬리다운 방식'을 가장 위급한 순간에 지켜낸 전례로 남았기 때문이다.

상품에 문제가 있을 때 자발적으로 리콜을 실시한 사례도 있다. 일반적으로 기존 유통 산업에서는 신선식품에 대한 리콜이란 개념 자체가 없었다. 하지만 마켓컬리는 판매 이후 문제가 생길 경우 즉각 전면적인 리콜을 감행했다. 이 역시 요청한 고객뿐만이 아니라 기준에 맞지 않게 판매된 모든 경우에 전량 리콜을 진행했던 것이다.

'오렌지 리콜 사건'이 대표적인 예다. 판매 당시 홈페이지에서는 12brix 이상의 당도를 약속했는데 고객 VOC로 당도가 떨어진다는 의견이 접수된 것이다. 고객에게 양해를 구하고 해당 오렌지를 회수하여 당도를 측정하니 11.8brix가 나왔다. 작은 차이지만 약속을 지키지 못한 건 분명했다. 이에 해당 입고분 전체에 대해 직립금으로 환불하는 리콜을 진행했다. 잘 먹었으니 리콜할 필요가 없다는 일부 소비자도 있었지만 그럼에도 리콜은 계속됐다.

여기에서 말한 위기관리 사례들은 단순한 미담이 아니다. 마켓컬리가 추구하는 고객 지향적 관점, 즉 '장기적 탐욕Long-term Greedy'의 치열한 실천을 보여준다. 장기적 탐욕에 관한 자세한 개념은 뒤에 나올 김슬아 대표와의 대담에서 설명하겠지만, 간단히 말해 '당장은 단기적으로 손해가 나더라도 장기적인 관점에서 접근해가야 한다'는 마켓컬리의 철학을 의미한다. 이러한 장기적인 접근이야말로 고객 가치 실현은 물론이고 브랜드의 자산 가치를 높이는 가장 빠른 길일지도 모른다.

작은 맺음말

현대 사회를 소비 사회라고 한다. 여기에는 여러 의미가 있지만, 가장 중요한 것은 '기술 혁명으로 생산물의 과잉 공급이 이루어지면서

소비자의 선택이 중요해지는, 즉 시장의 주도권이 소비자에게 넘어오는 시대가 됐다'는 점이다. 그래서 현대 시장에서 고객 지향성은 있으면 좋은 '충분조건'이 아니라 생존을 위해 반드시 필요한 '필요조건'이 됐다.

앞서 말했듯이 고객 지향성을 표방하지 않는 기업은 없다. 문제는 실천이다. 비용 절감을 위해, 오랜 관행 때문에, 미처 깨닫지 못한 탓에 고객이 원하는 바를 실천하지 못하고 있는 경우가 훨씬 많다. 결국 현대 사회에서 고객 지향성이란 그것을 추구하고 있느냐 아니냐의 문제가 아니라 고객의 숨은 니즈를 얼마나 빨리, 정확히 읽어내고 다양한 제약을 극복해 그것을 어떻게 실행해가느냐의 문제다.

마켓컬리는 아직 작고 젊은 회사지만 많은 기업에서 주목할 만한 다양한 사례를 보여준다. 사실 다음 파트부터 이야기할 공급사 관리, 운영 프로세스 정착, 라스트마일의 확보, 유연한 조직문화 구축 등은 모두 이런 고객 지향성을 해결하기 위한 각 영역의 대응이라고 할 수 있다. 그런 의미에서 고객 지향은 이 책의 벼리 같은 주제다. 현대 기업의 성패가 그러하듯 말이다.

김난도 × 김슬아 대담

Column 김슬아 대표와의 인터뷰는 이번이 두 번째다. 프롤로그에서 간단히 언급했듯이 2016년 KBS에서 라디오 프로그램을 진행할 때 그가 초대 손님으로 출연해 일주일간 인터뷰해주었다. 그때는 정해진 방송 시간이 있어서 깊은 질문을 하지 못했고, 그에 대한 갈증이 남아 있었다. 유학파 출신의 전도유망한 컨설턴트가 왜 창업을, 그것도 그 어렵다는 신선식품 유통업에서 하게 됐을까? 회사의 규모가 커지면서 덩달아 요구되는 거액의 투자금을 유치하는 게 어렵지는 않았을까? 새벽 배송을 시작한 진짜 이유는 무엇이었을까? 이번에 그 답을 들을 수 있어 무척 기뻤다. 독자 여러분에게 퀴즈를 하나 낼까 한다. 김슬아 대표가 스스로 규정하는 마켓컬리의 핵심 역량은 무엇일까? 열정이나 신속함 혹은 새벽 배송이나 고품질 상품 등을 짐작했는데, 보기 좋게 틀렸다. 답은 대담 후반부에 있다.

김난도 '워낙 먹는 걸 좋아해서 창업을 했다'는 말이 사실 처음엔 잘 믿어지

지 않았어요. 미국 명문 대학을 졸업해 수많은 젊은이가 열망하는 글로벌 기업에 다녔고 고액 연봉도 받았을 텐데요. 제가 자장면을 좋아한다고 해서 지금 당장 중국집을 차릴 순 없듯이 한편으로는 마켓컬리의 스토리를 빌딩하기 위한 준비된 답이 아닐까 하는 생각을 했습니다.

김슬아 말씀하신 대로 그 부분이 전부는 아니었지만 굉장히 중요한 요인이었던 것도 맞습니다. 당시 제게는 '먹고 사는 문제'가 굉장히 큰 화두였고 아무도 이것을 해결해주지 않는다는 일종의 갈증이 있었습니다. 먹지 않고 사는 사람은 아무도 없고 모두 먹는 것만큼은 좋은 걸 먹어야 한다고 말하는데, 깐깐한 주부의 입장에서 볼 때 제대로 된 건 하나도 없었습니다. 제가 아마 모 유기농 업체에는 블랙 컨슈머로 등록돼 있을 거예요. "라벨 제대로 표기된 게 맞나요? 조회를 해보니까 틀린 것 같아서요." 이런 까다로운 전화를 굉장히 많이 했거든요. 생각보다 체계적으로 관리되는 브랜드가 적었고, 문의를 남겨도 다시 제가 전화하기 전까지는 답을 받지 못하는 일도 많았습니다. 저 같은 주부들에게는 상당히 민감한 문제였는데 말이지요. 이 산업에도 분명 혁신이 필요하다고 생각했습니다. '하이테크 산업에서 일하는 방식으로 식품을 다뤄본다면 내 삶부터 바뀌는 기쁨을 누릴 수 있겠다' 하는 동기도 작용했던 것 같습니다.

아무래도 김 대표님께서 컨설턴트 출신이다 보니 조언해주는 것과 실행하는 것 사이에서 갈등을 느꼈을 것 같아요. 사업의 노하우는 컨설팅을 하면서 많이 쌓았을 테고, 실제로 창업하기까지 준비는 얼마나 하셨나요?

제 생각에 저는 타고난 창업가 스타일은 아닙니다. 당시에도 직접 무언가를 해야겠다는 생각보다는 '말이 되는' 비즈니스 모델을 만들고 이것을 잘할 수 있는 기업에 제안해보자고 계획했습니다. 실제로 대기업에 제안도 했고요. 하지만 성사되지는 못했습니다. 그렇게 제안하는 과정에서 초기 기업치고는 상당히 긴 5년 치의 사업계획서가 준비되었습니다. 마지막 직장에서 유통 산업에 대한 프로젝트를 다수 경험하며 해당 산업에 대한 전문성을 많이 쌓아둔 덕분에 숫자도 꽤 정교했고요. 결국 그걸로 제가 직접 첫 투자를 받아보자고 결심했습니다.

일찍부터 유통업의 핵심을 잘 알고 계셨겠군요. 유통이라는 게 사실은 엄청난 규모의 경제입니다. 방대한 인프라를 갖춰야만 가격 경쟁력을 확보하거나 품질 유지가 가능한데요. 김 대표님은 어떻게 맨손으로 시작하면서 이 정도의 인프라를 갖출 수 있다고 생각하셨을까요? 스스로도 무모하다고 생각하진 않았나요?

솔직히 말씀드리면 '설마 굶기야 하겠어?'라고 생각했던 것 같습니다. '돈을 못 벌면 어쩌나' 하는 불안보다는 '지금 하는 게 가장 좋겠다'는 마음이 앞섰습니다. 물론 인프라를 구축해 야겠다는 생각도 충분히 했고요. 사실 많은 스타트업이 우회해 가다가 좌절하고 마는데요. 저는 제대로 해야 고객이 오고, 고객이 와야 구매가 만들어지는 구조라면 그 규모는 만들어두는 게 맞다고 생각했습니다. 그걸 하지 못한다면 그냥 직장에 계속 다니는 게 낫다고 판단했지요. 사실 말씀은 이렇게 드려도 솔직히 전부 운이었던 것 같습니다. 감사하게도 고객분들이 저희를 좋아해주셨고 열심히 한 만큼 알아봐주신 덕분입니다.

규모의 경제를 이루겠다는 자신감이 있었던 거군요. 그럼 초기에 투자해주신 분들은 어떤 분들이었고 투자금은 얼마 정도였나요?

국내외 벤처캐피탈(VC) 네트워크가 튼튼한 엔젤 투자자께서 명망 있는 초기 투자사 여러 곳을 소개해주셨습니다. 그때 50억 원 정도의 투자를 받았습니다.

작은 프로그램이나 앱을 개발하는 회사라면 50억 원이 충분할 수도 있겠지만, 물류 인프라를 구축해야 하는 회사라면 이야기가 달라질 텐데요. 아니, 정상적으로 서비스를 가동하기 위해서는 굉장히 적은 액수로 보입니다. 그 정도의 자금으로 소비자를 만족시킬 수 있겠다는 자신감이 있으셨어요?

저희가 첫 투자를 받았을 때 시장 상황이 매우 좋지 않았어요. 투자금도 저희가 목표했던 것보다 적었던 게 사실이고요. 그런데 또 막상 닥치니까 없으면 없는 대로 돌아가더라고요. 결핍에 의한 창의성이 엄청나게 발휘되던 시절이었습니다. 적은 자본을 갖고 어떻게든 해보겠다고 이상한 시도도 정말 많이 했고요. 전통적인 물류에서는 '그렇게 하면 망한다'는 것들을 과감하게 시도했습니다. 뭐라도 해서 망하든 포기해서 망하든 어차피 망하는 건 다 똑같다고 생각했거든요. 돌이켜보면 다행히도 대체로 결과가 좋았습니다. 지금도 동일한 규모의 콜드체인을 갖춘 타사와 비교해 물류 비용이 훨씬 적게 드는 편입니다.

———

저는 마켓컬리를 취재하면서 '이게 스타트업이니까 가능했지'라는 생각을 여러 부분에서 했습니다. 물류를 한 번이라도 해본 사람은 말도 안 된다고 할 만한 일들을 많이 했다는 거예요. 그런데 역설적이게도 경험이 없으니까 방법을 찾아보자고 했던 시도들이 그걸 가능하게 만들어버렸습니다. 대기업이 후발주자로 진출하면 어떻게 할 거냐는 우려도 투자자들 사이에서 많았을 것 같아요.

두 번째 투자를 받은 2016년부터 정확히 그런 질문을 많이 받았습니다. 결국 같은 이야기였어요. "유통은 어차피 규모의 경제이고 자본의 싸움이다." 그런데 이에 대한 저희의 답변은 지금도 유효합니다. "마켓컬리가 충족시킬 수 있는 고객의 니즈는 대기업에서 충족시킬 수 있는 고객의 니즈와 원천적으로 다르다"라는 것입니다. 일단 제가 대기업에서 제공하는 서비스에 100퍼센트 만족하는 사람이었다면 창업을 하지 않았을 거예요. 마켓컬리는 시작부터 저 같은 소비자를 위해 모든 프로세스와 문화를 만든 회사입니다. 단순히 자본을 많이 투자한다고 해서 비슷해질 순 없다고 확신합니다. 그러면 또 이런 질문을 하세요. "당신과 같은 소비자가 얼마나 될 것 같으냐?" 저는 크게 방향성을 봐야 한다고 말씀드립니다. 점점 더 많은 사람이 나에게 만족을 주는 상품에 집중하고 있다고요. '가심비'(가격 대비 마음의 만족을 추구하는 소비 형태)나 '나코노미'(나를 위한 경제 활동)와 같은 욕구가 점점 늘어날 것이라고 말이지요.

그런 확신을 얻기 위해 고객 조사를 해본 적이 있나요?

고객 조사의 결과가 가치 있으려면 1000~2000명에게 물어봐야 하는데 당시에는 회사에 돈이 많지 않아서 그렇게까지 대규모로 물어보진 못했습니다. 다만 주문이 조금 늘어난다 싶은 고객들에게는 만나서 커피 한잔 마시자고 많이 졸랐습니다. 마켓컬리를 어떤 경로로 알게 되었는지, 상품이 다소 비싼 편인데 왜 구매하는지를 물어보았어요. 아직도 기억에 남는 말씀이 하나 있는데요. 오렌지주스는 원래 건강하자고 마시는 건데 어느 순간 마트에서 보니 오렌지 함량이 터무니없이 적다는 거예요. 진짜 오렌지가 들어 있다면 유통기한이 1년씩이나 되는 게 말이 되냐면서 말이에요. 어차피 몸에 좋으라고 마시는 오렌지주스, 유통기한이 짧아도 믿고 신선하게 마실 수 있는 상품을 구매하자고 생각하셨답니다. 그게 본인이 원하는 소비라고요. 그때 저는 이 사업에 분명히 수요가 있을 것이라 확신했습니다. 대체 어떠한 처리 과정을 거쳤기에 플로리다에서 건너온 오렌지주스가 유통기한이 아직도 60일이나 남았을까, 이런 생각을 저도 참 많이 했거든요.

하필이면 그 무렵에 조류 독감부터 시작해 식품 위생에 대한 문제가 굉장히 많이 터졌던 것으로 기억합니다.

네, 실제로 2015년부터 2017년까지 우리 사회에 먹거리에 관한 이슈가 굉장히 많았습니다. 그래서 수요는 분명히 있을 거라고 생각했지만 다음의 질문에는 확답을 드리기가 어려웠습니다. "관리를 제대로 하려면 엄청난 시스템과 전문성이 필요한데 어떻게 해결할 건가요?" 그래서 저희는 상품위원회를 많이 보여드렸습니다. '저희가 이렇게 모여서 일일이 점검합니다', '하루라도 빨리 진출해서 데이터베이스를 쌓아야 다른 기업들의 진입장벽을 높일 수 있습니다'라고 설명드렸습니다.

마켓컬리에는 다른 스타트업과 달리 눈물의 투자 스토리가 없는 것처럼 느껴지는데요.

물론 저희도 여러 번의 데스밸리Death Valley를 넘으며 어려운 시절을 겪었습니다. 세 번째 투자를 받은 시점에 '회사가 도대체 얼마나 클 수 있을까?'를 수도 없이 고민했습니다. 저희는 다 투자라고 생각하고 사업을 진행했지만 어쨌거나 인프라를 구축하고 고객을 확보하기 전까지는 회계상 적자를 피할 수 없는 구조였거든요. 특히 저희처럼 작은 회사에는 국내 자본 시장의 특성상 큰 투자가 들어오기 어렵습니다. 기왕 칼을 뽑은 김에 최대한 많은 사람에게 좋은 유통 서비스를 선보이고 싶었는데, 이러다가 진짜 망할 수도 있겠구나 하는 생각을 한 시점이었습니다. 주주들과 함께 작게라도 기업공개(IPO)를 해서 일단 영속할 수 있는 구조부터 만들어야 하지 않을까 하는 논의를 자주 했습니다. 이 말은 곧 '이제는 이익을 내야 한다'는 의미였지요. 그때 새로운 외국인 투자자를 만난 게 큰 돌파구가 되어주었습니다. 그분께서 이런 말씀을 하시더라고요. "한국의 창업가들은 주어진 숙제를 참 잘한다. 그런데 점점 더 큰일을 도모하면서 사고 칠 생각은 하지 않는다. 어차피 모든 기업은 다 망한다. 꿈이 커도 망하고 작아도 망한다면 누군가의 인생을 바꾸고 망하는 편이 낫지 않은가." 그 말을 듣고 아차 싶었습니다. 이 일을 시작할 때의 나는 소비자뿐만 아니라 생산자의 삶에도 유의미한 가치를 만들고 싶다고 다짐했는데, 2~3년 동안 데스밸리를 여러 번 넘으면서 스스로 굉장히 약해졌구나 하고 정신을 차렸습니다.

모든 창업자가 자신보다 오래 사는 회사를 만들기 위해 부단히 애를 쓰지요. '마켓컬리'라는 이름은 어떻게 지으셨나요?

고객 친화적이면서도 고객의 라이프스타일에 쉽게 스며들 수 있는 친숙한 이름이 필요했습니다. 창업 멤버들과 브레인스토밍을 하면서 몇 가지 기준을 세웠어요. 첫째, 이름이 길면 외우기 어려우니 두 음절을 넘기면 안 된다. 둘째, 포털사이트 검색 최적화를 위해 자연어가 아닌 고유명사로 지어야 한다. 셋째, 'ㅋ'이나 'ㅍ' 같은 강한 음절을 사용해 한 번에 각인되는 이름이어야 한다. 넷째, 음식에 관한 의미가 들어가야 한다는 것이에요. 사실 '컬리'라는 이름은 카레를 먹으러 가던 길에 누군가 우연히 떠올린 아이디어였습니다. 요리를 의미하는 단어인 '컬리너리Culinary'와도 잘 어울리고, 중국어 발음에 '이득을 가져다준다'는 뜻도 있다고 하여 결정하게 되었습니다.

'까르푸'도 프랑스 기업인데 작명을 잘한 회사로 손꼽히지요. 중국어로 '집에 복을 가져다준다'는 의미잖아요. 사실 마켓컬리에 대한 자료를 정리하면서 가장 많이 나온 단어가 바로 '고객'이었습니다. 마켓컬리 이전의 고객들은 어떤 불편과 어떤 이슈를 안고 있었을까요?

당시 저와 같은 마켓컬리 이전의 소비자들은 집 앞에 마트가 있는가 아닌가도 중요하지만, 근본적으로 그 마트에서 팔고 있는 물건이 정말 좋은지에 대해 확신을 갖기가 어려웠습니다. 물건은 엄청나게 다양해지고 마트의 규모는 점점 대형화되어 가는데 대체 이 많은 시금치 중에서 무엇을 골라야 할지는 오롯이 소비자의 몫이었어요. 그러다 보니 쇼핑 자체가 스트레스로 느껴지는 일도 잦았습니다. 마트에서 파는 물건을 믿지 못하니 맘카페나 SNS를 통해 공동구매가 성행하기도 했는데, 추천해주신 분도 자신이 생산자에게 속았는지 아닌지를 판단할 방법이 없었고요. 분명 합당한 돈을 내고 유통 서비스를 이용하는데도 상품을 믿지 못하는 상황, 좋은 상품을 발굴해 소비자에게 잘 설명한다는 유통의 본질을 그 어떤 회사도 지키지 않는 상황, 바로 이런 것들이 소비자로서 제가 가진 문제의식이었습니다.

그래서일까요? 마켓컬리는 품질에 '큐레이션'이라는 개념을 도입했습니다. 마켓컬리에서 구매한 상품은 무조건 일정 이상의 품질이 유지된다는 개념이 참 신선했는데요. 결국 품질을 보장하기 위해 가성비 상품보다는 프리미엄 상품 위주로 구색을 갖추었을 것 같아요.

사실 저희가 애초부터 프리미엄 상품을 염두에 두고 서비스를 시작하진 않았습니다. 현재도 고가격대의 상품만을 취급하는 건 아니고요. 오히려 같은 스펙을 갖춘 상품을 놓고 보면 경쟁력 있는 가격을 제공합니다. 다만 우리 엄마에게 선물하고 싶은 상품, 아토피가 심한 제 조카에게 주고 싶은 상품을 떠올리다 보니 가격군이 그렇게 형성된 것 같습니다. 우선 친환경적이어야 했고 생물이라면 살아 있어야 한다는 게 원칙이었습니다. 그런데 이 부분에서 허들이 굉장히 높아졌습니다. 일반 마트에서 사용하는 플라스틱 용기에 두어서는 전복이 살아서 현관 앞까지 갈 확률이 희박하거든요. 여기에 산소 포장까지 해야 하고요. 이런 것들이 다 비용이지만 그럼에도 그 원칙을 지켜야 아토피가 심한 제 조카에게도 안심하고 줄 수 있기에 그렇게 했습니다. 저뿐만 아니라 초창기 MD들도 모두 비슷한 생각을 했습니다. 당시 저희는 MD를 뽑을 때 '음식을 먹는 데 얼마나 까다롭습니까?'라는 기준을 갖고 심사했을 정도니까요. 이런 과정 때문에 상품의 단가가 높아지긴 했지만 처음부터 비싼 것만 팔아야겠다는 생각은 하지 않았습니다.

그럼에도 제가 만약 최고재무관리자였다면 프리미엄 상품을 비즈니스 핵심 모델로 삼았을 것 같아요. 말씀하신 대로 생물을 유지하면서, 끝까지 콜드체인을 지키고, 비용이 많이 드는 새벽에 배송을 해야 했으니까요.

저희는 오히려 그 반대였던 것 같습니다. 당시 재무 관점에서 저희에게 피드백을 주신 분들은 "일단 규모부터 빨리 키워야 한다. 그러기 위해서는 적당한 품질의 상품을 싸게 유통하는 게 고객을 설득하기가 더 쉽다"라고 말씀하셨습니다. 온라인 채널에서는 비쌀수록 허들이 높아지기 마련이니까요. 그래서 저희가 하는 일이 규모의 경제를 키우는 데 아무런 도움이 되지 않는다는 소리를 많이 들었습니다.

저도 그 부분이 참 궁금하네요. 왜 그런 쓴소리를 들어가면서까지 품질을 고집했나요?

규모를 키우기 위해 적당한 품질의 상품을 싸게 유통하는 회사는 이미 많았기 때문입니다. 제가 그런 모델을 좋아했다면 애초에 창업도 하지 않았을 테고요. 그냥 그런 걸 잘하는 회사의 소비자로 만족했겠지요. 하고 싶은 게 처음부터 명확했기 때문에 이 길이 아니면 의미가 없다는 생각을 했습니다.

그렇군요. 타깃 고객의 페르소나^{Persona}는 역시 김 대표님 같은 사람인가요?

맞습니다. 여러 곳에서 공들여 장을 보기는 어려우나 식재료를 고를 때면 그 누구보다 신중해지는 그런 분들입니다. 사실 이분들을 떠올리면서 새벽 배송이란 아이디어도 도출할 수 있었습니다. 주로 낮에는 집에 없는 분들이니까요. 인터넷에서 열심히 '손품'을 팔아 좋은 케일을 주문했는데 그게 집 앞에 와 있다는 택배 문자를 받고부터는 좌불안석인 분들, '당장 들여놓지 않으면 시들어버릴 텐데' 하면서 회사에 앉아 발을 동동 구르는 그런 분들이지요. 사실 요즘은 누구나 바쁘잖아요. 하루 종일 앉아서 택배만 기다릴 수도 없고요. 그런 상황에서 새벽이라는 시간대는 굉장히 유용하겠단 생각을 했습니다. 생산자 입장에서도 배송 과정 중에 좋은 상품이 망가지면 그만큼 속상한 일도 없잖아요. 새벽 배송은 그날 만든 상품을 가장 신선한 형태로 보내면서 소비자도, 생산자도 만족할 수 있는 유일한 방법인 것 같습니다.

말씀하신 케일은 양반이지요. 고기라든가 냉동식품은 빨리 냉장고에 넣어야 하니까요. 성장한 속도에 비하면 개별 상품 단위(SKU)도 굉장히 적어요. 모든 고객에게 일정 수준의 서비스를 제공하기 위한 어쩔 수 없는 선택이었나요?

네, 실제로 엄청난 양의 상품이 정말 필요한 것인지에 대해서도 진지하게 논의할 때라고 생각합니다. 마켓컬리에서 큐레이션한 1만 2000개의 상품 중에서도 잘 팔리지 않는 롱테일 Long Tail이 존재합니다. 그래서 저는 '과연 100만 개의 상품을 보유해야만 좋은 유통사인가?'라고 묻는다면, '낭비'라고 대답하고 싶습니다. 이름과 브랜드만 조금씩 다른 상품들을 여럿 진열하기보다는 꼼꼼히 비교해 특정 측면에서 월등한 상품들, 즉 존재의 이유가 있고 고객의 취향을 관통하는 상품을 선별해 제공할 수 있어야 한다고 생각했습니다. 코스트코가 그랬듯 저희도 살아가면서 정말로 필요한 필수적인 상품들을 끝내주게 잘 만들고 싶었습니다. 실제로 PB 상품 등을 통해 이를 구현하려 하고 있습니다. 생산자 입장에서도 여러 상품을 제조하는 데 불필요한 에너지를 쏟지 않으니 퀄리티 높은 상품을 만들 수 있고요. 소비자는 물건을 고르는 수고 없이 필요한 물건을 합리적인 가격에 구매할 수 있습니다. 결국에는 모두가 윈윈할 것이라 생각합니다. 한두 케이스에서 굉장히 성공적인 경험을 했던지라 앞으로는 상품을 더 줄여보고 싶은 마음도 있습니다.

소비자도 정말 재미있어요. 만약 치약을 사려고 할 때 한 브랜드의 치약만 있으면 좀 섭섭하다는 느낌을 받기도 하거든요. 다양한 상품을 갖춰야 좋은 유통사인 것 같기도 하고요. 하지만 코스트코 모델도 주목할 만하다고 봅니다. 해당 품

목을 리딩하는 브랜드, 정말 마켓셰어$^{Market Share}$가 높은 브랜드 몇 가지만 갖다 놓으면 재고 관리가 훨씬 쉬워지고 단가를 낮출 수 있으니까요. 더불어 말씀해 주신 PB 상품처럼 공급사 한두 곳에 물량을 몰아주면 특색에 맞는 상품을 유리하게 갖추기도 좋고요.

맞습니다. 저희도 PB 상품뿐만 아니라 생필품이나 시즌 과일과 같은 상품 등은 가급적 국내 톱 생산자 한두 곳 정도와만 협업하려 하고 있습니다. 물량을 몰아주면서 단가를 낮추고 고객에게 더 싼 가격을 누릴 수 있게 하기 위해서입니다. 저희의 바게닝 파워$^{Bargaining Power}$(협상을 유리하게 할 수 있는 힘)가 약해지는 건 감수하더라도 저희가 꼭 해내야 할 역할이라고 생각합니다.

─────

흔히 말하는 숫자 너머의 것들도 있잖아요. 네 글자로 줄이면 '핵심 역량'이라고 하지요. 상품위원회나 샛별배송처럼 지금 마켓컬리에서 일어나는 모든 일이 핵심 역량이자 대표님의 철학일 텐데, 대표로서 개인적으로 가장 중요하게 여기는 일이 무엇인가요?

아침에 일어나면 제일 먼저 하는 '그것'과 자기 전까지 계속하는 바로 '그것'인데요. VOC를 보는 일입니다. 혹시 해당 팀이 놓쳤는데 저만 잡아내는 부분이 있을까 봐 좀 더 세밀하게 고객의 관점에서 보고 있어요. 고객의 마음은 끊임없이 변화하고 그에 따라 트렌드도 계속 바뀔 것입니다. 어디에선가는 더 나은 서비스가 쏟아질 테고요. 지금도 다른 서비스와 저희 서비스를 꼼꼼하게 비교해서 사용해주시는 고객들은 마켓컬리에 불편한 점이 있으면 고맙게도 VOC에 개선 요청을 해주실 겁니다. 저는 마켓컬리가 이 일을 계속 트렌디하게 잘 끌고 나가는 방법은 딱 하나밖에 없다고 생각합니다. 열심히 고객의 소리를 듣고, 그렇게 들은 소리를 어떻게든 업무에 녹여내는 일입니다.

저희 연구소에서도 기업으로부터 용역 의뢰를 받으면 고객의 니즈를 찾는 일부터 시작합니다. 라면회사라면 SNS에 라면 사진이 어떻게 올라오는지를 10만 장 정도 들여다보고, 그 회사의 악플만 걸러서 볼 때도 있어요. SNS 시대에는 현상을 진단하는 설문조사보다는 이런 날것의 의견이 고객의 니즈를 파악하는 데 더 유용한 것 같습니다.

네, 저도 타깃 고객층이 주로 이용하는 맘카페나 SNS를 열심히 들여다보고 있습니다. 꼭 저희 얘기가 아니더라도 우리 고객층은 지금 어떤 것에 관심을 두고 어떤 일에 가슴 아파하는지 함께 고민하려 하고 있습니다. 주말에는 그분들이 실제로 가실 법한 장소에 가서 앉아 있기도 하고요. 고객을 단순히 우리 채널에서 물건을 사주는 분들이라고 생각하는 게 아니라, 하나의 사회적 인격체로서 대할 때 좀 더 나은 서비스가 탄생할 수 있다고 생각합니다. 실제로 그런 일을 굉장히 열심

히 하고 있고요. 이런 일을 스스로 재미있어한다는 게 저에게
주어진 큰 행운인 것 같습니다.

PART 2

공급사

Utmost Suppliers' Interests

공급사와의 지속가능한 협력

Keeping Customer Values

Utmost Suppliers' Interests

Realizing Detail Management

Last Fit Maximization

Yield to Autonomous Synergy

가격 경쟁력이 아닌
상품 경쟁력의 시대

모든 합리적 경제 주체Homo economicus는 자기 이익Self-interest을 추구한다는 것이 자본주의 경제학의 시발점이다. 우리가 맛있는 빵을 먹을 수 있는 것은 빵집 주인의 자비심 덕분이 아니라 그의 이윤 동기 때문이라는 것이다. 경제란 원칙적으로 이 다양한 주체들의 이윤 동기가 충돌하고 또 서로 절충하면서 움직이는 것 아닐까? 유통업 역시 마찬가지일 것이다.

유통의 세 주체는 공급사·소비자·플랫폼(유통사)이다. 이 세 주체의 이윤 동기는 제각각 다르다. 공급사는 되도록 높은 가격을 받고 싶어 하고, 소비자는 되도록 저렴한 가격에 상품을 구입하고 싶어 한다. 유통 플랫폼은 이 두 주체 간의 상충된 요구를 절충하면서 동시에 자기 이윤도 창출해야 한다. '어떻게 하면 이 절충을 모두가 납득할 수 있도록 만들어낼 것인가?'에 유통업의 성패가 달려 있는 셈이다.

기존 유통업의 방점은 '플랫폼'에 찍혀 있었다. 오프라인 유통은 부동산이라는 플랫폼에 상품을 채워 넣는 비즈니스이고, 온라인 유통은 온라인 플랫폼에 상품을 채워 넣는 비즈니스다. 이때 '공급사·소비자·플랫폼'이라는 삼각관계에서 우위를 점하는 쪽은 대체로 플랫폼이었다. 고객에 대해서는 품질과 가격에 대한 정보 우위를, 공급사에 대해서는 고객에게 접근할 수 있는 지위의 우위를 가지고 있기 때문이다. 그리고 이 두 우위를 활용해 유통사는 자기 이윤을 만들어나간다.

유통사 역시 엄연한 기업이므로 그들이 자기 이익을 추구한다는 사실에 대해서는 비난할 이유가 전혀 없다. 더구나 유통업은 엄청난 기반 투자가 선행되어야 하는 비즈니스다. 기본적인 이윤이 보장되지 않으면 충분한 투자를 기대하기도 어렵다. 여기서 문제는 '어떻게 이윤을 만들어내는가'이다. 이 과정에서 유통사가 비판을 받는 경우는 형편없는 상품으로 고객에게 폭리를 취하거나, 공급사에 대해 상품 가격을 무자비하게 후려칠 때다. 이러한 방식은 단기적으로 이윤을 극대화시킬 수 있을지 모르나 장기적으로는 분명 지속되기 어렵다.

지금껏 유통사들이 소비자와 공급사 사이에서 균형을 도모하는 핵심 변수는 '가격'이었다. 고객에 대해서는 합리적인 가격을 제안하려하고 공급사에 대해서도 제 가격을 보장해주려고 노력한 것이다. 하지만 마켓컬리가 이 두 주체 간의 균형을 모색하는 변수는 달랐다. 애초부터 마켓컬리는 가격이 아닌 '상품'에 초점을 맞췄다.

설립 초기부터 마켓컬리는 기존의 유통 시스템을 보며 '과연 이러한 상황에서 좋은 상품이 설 자리가 있는가?'라는 문제를 끊임없이 고민했다고 한다. 식자재 유통 시장에서는 생산 농가가 충분한 가격을 보장받지 못하는 데다가 재고 부담까지 떠안는 일이 잦았다. 바로 이런 상황에서 소비자에게 과연 좋은 상품이 제공될 수 있는지에 대해 의문을 제기했던 것이다. 마켓컬리가 정의하는 유통은, 나아가 고객 가치의 핵심과 생산자와 상생할 방법은 곧 '좋은 상품' 그 자체였다. 중간자로서 유통은 좋은 상품을 매개로 할 때 존재의 의미가 있고, 좋은 상품이 없으면 좋은 플랫폼이 될 수 없다는 의미다.

이러한 문제의식을 바탕으로 마켓컬리는 상품의 가격을 정하는 방법부터 달리했다. 일반적인 유통에서는 유통사의 마진을 기준으로 공급가가 정해진다. 그렇게 정해진 공급가에 생산자는 단가를 맞출 수밖에 없다. 이렇듯 생산자가 단가를 맞춰야 하는 상황에서는 품질에 좋지 않은 영향을 미칠 수밖에 없다. 그래서 마켓컬리는 다른 유통사와는 반대로 공급 가능한 금액을 생산자에게 물어보는 방식을 취했다. 거기에 유통 및 부대 비용을 고려해 상품 가격을 책정하고 생산자에게 다시 제안했다. 상품을 100퍼센트 직매입하는 방식을 선택한 것도 생산자가 재고 부담 없이 품질에만 집중할 수 있기를 바랐기 때문이다.

한번은 마켓컬리 MD에게서 다음과 같은 에피소드를 들었다. 서비스 론칭 초기, 좋은 달걀 생산 농가를 물색할 때의 일이다.

"달걀에서 제일 중요한 게 뭐예요?"

"사료도 중요하고 다 중요한데 아무래도 신선도가 제일이지요."

"그럼 신선도를 유지하려면 어떻게 해야 하나요?"

"그야 아침에 낳은 알을 저녁에 가져가는 게 제일 좋지요."

"그럼 그렇게 하겠습니다."

이 말을 듣고 해당 농가는 거짓말일 거라 생각했다고 한다. 어느 날 갑자기 젊은 친구들이 찾아와 달걀을 매입하겠다고 하는 것도 모자라 담양에서 서울까지 그때그때 물류를 하겠다고 하는데 '설마 그렇게 할까?' 싶었다는 것이다. 하지만 마켓컬리는 실제로 그렇게 했다. 2015년 5월 21일, 서비스를 론칭하면서 처음으로 10구짜리 달걀 36판을 발주했다. 그때 달걀 36판 때문에 실제로 물류 차를 보내온 것을 보면서 생산자는 놀라움을 감추지 못했다고 한다. 달걀 36판이라고 해봤자 원가가 15만 원인데 담양에서 서울까지의 물류비는 대략 30만 원이었다.

이윤보다 좋은 상품을 추구했던 마켓컬리의 이 에피소드는 단순한 미담이 아니라 유통업의 패러다임을 바꿀 만한 중요한 사례라고 생각한다. 보통 유통업에서 상생은 '기존의 이윤 구조 속에서 플랫폼이 공급사에 얼마나 양보해줄 수 있는가?'에 관한 문제였다. 즉, 일정한 크기의 파이를 어떻게 나눌 수 있는지 고민하는 전형적인 '제로섬 게임'이었다.

하지만 마켓컬리처럼 '좋은 상품'을 중심에 두고 논의를 전개하면 상황이 달라진다. '좋은 상품을 합리적인 가격에 제공한다'는 사실이 공급사·소비자·플랫폼 세 주체 모두의 이익에 도움이 되는 '포지티브 섬 게임'을 만들어내기 때문이다. 다시 말해 고객은 가치 있는 상품을,

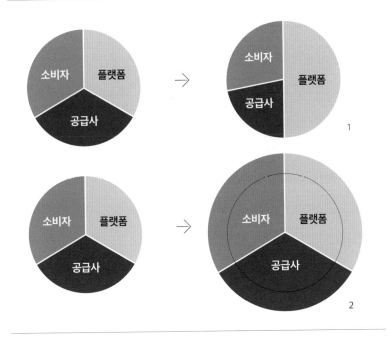

1   특정한 크기의 파이를 어떻게 나눌지 고민하는 것은 결국 '제로섬 게임'이 될 수밖에 없다.
2   마켓컬리는 파이를 나누기보다 소비자·공급사와 함께 파이를 키우는 '포지티브섬 게임'이 되도
       록 방향을 정했다.

공급사는 합당한 납품가를, 플랫폼은 적정한 이윤을 취할 수 있는 것
이다.

  '좋은 상품'을 강조한 마켓컬리의 전략은 논리적 측면에서뿐만 아니
라 소비 트렌드 측면에서도 적절한 대응이었다고 평가된다. 경기 침체
가 본격화되고 온라인·모바일 소비자 정보가 폭발적으로 늘어나기 시
작했던 2016년 이후로 '성능 대비 가격'을 중시하는 이른바 '가성비'
트렌드가 빠르게 자리 잡았기 때문이다. 『트렌드 코리아 2016』에서 가

성비의 개념을 소개한 이후 브랜드를 중시하던 한국의 소비자들도 가격을 중시하는 방향으로 크게 변화하기 시작했다.

가성비 열풍이 시작된 이후 시장의 관심사 역시 '그렇다면 앞으로 프리미엄 시장은 어떻게 될까?'로 변해갔다. 가격을 중시하는 소비자가 크게 늘면서 프리미엄 제품이 설 자리가 있을까 하는 질문이 자연스럽게 대두되었던 것이다. 이후 시장은 가성비와 프리미엄이 함께 성장하는 방향으로 전개됐다. 이른바 '양극화된 소비'가 등장한 것이다. 이에 『트렌드 코리아 2018』에서는 'B+ 프리미엄'이라는 개념을 소개했다. 프리미엄이 사치품 영역에서뿐만 아니라 일상품 영역에서도 가능하다는 의미였다. 그리고 그 중요한 사례로 마켓컬리를 들었다.

온라인에서도 프리미엄 반찬에 대한 반응은 뜨거웠다. 프리미엄 온라인 푸드마켓 '마켓컬리'는 2015년 론칭 이후 단 2년 만에 가입자 28만 명, 월 매출 40억 원을 달성했다. 이 업체는 온라인 업계 최초로 식품 전용 냉장·냉동 창고를 구축하고, 주문부터 배송까지 콜드체인 시스템으로 신선하게 식재료를 배달해 소비자에게 신뢰를 얻었으며, 식자재와 식료품을 취급할 때도 자체 마련한 70여 개의 기준을 적용해 엄선한다고 한다. 소비자가 직접 볼 수 없기 때문에 진입장벽이 높은 온라인 식품 유통의 한계를 B+ 프리미엄 전략으로 극복한 것이다.

-『트렌드 코리아 2018』, B+ 프리미엄, p.123

마켓컬리의 공급사 관리란 단지 효율적인 공급망Supply chain을 관리하는 것이 아니라 '좋은 상품을 들여놓기 위한 여정'이었다고 할 수 있다. 그리고 이 여정은 크게 네 가지로 나뉜다. 첫째, 전국 산지나 유명 공급사를 돌며 좋은 공급사 찾아내기, 둘째, 유명 공급사 입점시키기, 셋째, 공급사와 함께 상품 개선하기, 넷째, PB 상품 만들기다. 지금부터 순서대로 하나씩 살펴보도록 하자.

좋은 상품 찾아
삼만 리

'신선하고 질 좋은 식품과 식재료를 확보하는 일.' 마켓컬리는 처음 서
비스를 시작할 때 그 무엇보다도 바로 여기에 공을 들였다. 이를 위해
창립 멤버들은 서비스 론칭 전부터 배낭을 메고 전국 각지를 돌았다.
그때 끼니를 때우기 위해 먹은 김밥만 해도 족히 300줄은 넘을 것이라
고 한다.

신선 제품 품목을 찾을 때 일반 유통사 MD들은 주로 가락시장이나
공판장을 찾는다. 한편 마켓컬리의 신선 MD들은 산지를 직접 돌았다.
그들이 생각하는 상품 기준을 생산 단계에서 실제로 준수하는지 확인
하기 위함이었고, 도매상에서는 파악할 수 없는 생산자들의 철학을 눈
으로 보고 싶었기 때문이었다.

지금이야 마켓컬리가 어느 정도 알려져 있어서 먼저 알아봐주기도 하고 먼저 찾아와주는 공급사도 많지만 초창기에는 아무것도 없었던 때라 그야말로 모든 MD가 '맨땅에 헤딩'하는 심정으로 상품을 발굴했다고 한다. 또한 당시에는 온라인으로 식재료를 팔겠다는 발상 자체가 낯설었기에 종종 의심 어린 시선을 받기도 했다. 하루아침에 망하는 온라인 쇼핑몰도 워낙 많았으니 당연한 처사였다. 그랬기에 몸으로 더 부딪히고 요구 조건을 되도록 많이 들어주면서 공급사들을 설득했다.

한번은 홍옥이라는 좋은 사과 품종을 재배하는 곳이 있다고 해서 영주에 있는 농가를 찾아갔다. 그런데 미리 자료 조사를 하고 찾아간 농가에서는 절대로 물건을 주지 않겠다고 단호하게 거절했다. 공급사 입장에서 볼 때 여기에는 두 가지 우려가 있었다. 먼저 마켓컬리가 상품을 어떻게 관리하고 배송하는지에 대한 데이터가 부족했기에 자신들이 공들여 생산한 상품이 최종적으로 고객에게 어떻게 도달할지 확신할 수 없었다. 또한 이미 거래하고 있는 거래처를 통해서도 충분한 물량을 납품하고 있어서 구태여 거래처를 늘릴 필요도 없었다.

그렇게 아무런 소득도 없이 서울로 올라올 수밖에 없었던 MD들은 대체 농가를 찾아 다시 그 지역을 돌기 시작했다. 마을 주민들에게 물어가며 여러 농장을 견학했고 우연히 무농약으로 사과를 재배하는 농가를 발견했다. 하지만 여기에도 난관이 있었다. 농장 주인이 젊은 농부라 이야기는 잘 통했지만 마켓컬리의 소포장 방식에 난색을 표했던 것이다. 마켓컬리는 고객이 한 번에 취식할 수 있는 용량으로 상품을 판매하기 위하여 가급적 소포장을 원칙으로 하고 있다. 즉, 용량을 줄

'소비자의 식탁에 신선한 달걀을 올리겠다'는 철학을 갖고 있던 생산자는 마켓컬리의 배송 방식에 기꺼이 공감하며 입점을 허락했다고 한다.

일 필요가 있는 상품들은 공급사와 협의를 통해 합의점을 찾아야 한다. 다만 이렇게 할 경우 생산성이 떨어진다는 문제가 뒤따른다. 예컨대 사과를 상자 단위로 포장하는 것과 한 알씩 낱개로 포장하는 것은 같은 시간에 상품화할 수 있는 개수 자체가 다르다. 기존 유통 시스템에서는 이에 따른 납품가를 보장해주지 않았으므로 생산자로서는 당황스러울 수밖에 없었다. 결국 마켓컬리가 포장을 직접 도맡기로 한 후에야 납품을 약속받을 수 있었다.

기존의 식자재 유통 방식에 갈증을 느껴온 공급사도 있었다. 담양의 달걀 생산자가 대표적인 경우였다. 그는 자유로운 상태로 방목한 건강한 닭을 사육하여 유기농 달걀을 생산해왔는데 그간 대기업이고 작은 업체고 온갖 유통 방법을 다 활용해봤지만 신선 문제가 늘 고민이었다. 유기농 달걀이 주는 향긋하고 고소한 풍미를 소비자들이 느끼기 위해서는 산란 이후 세척·수령까지의 과정을 대폭 단축시켜야 한다. 처음에 생산자는 마켓컬리의 샛별배송 서비스를 듣고 반신반의했지만 어렵게 생산한 유기농 달걀을 최상의 상태로 소비자에게 전달할 수 있다는 이야기를 믿어보기로 하고 입점을 허락했다. 마켓컬리가 요구한 산란과 수령 시간을 5일 이내로 조율해준 것은 물론이었다. 이후 이 달걀은 마켓컬리의 대표 상품이 되었다.

파트 1에서 상품위원회의 역할을 설명하며 '고객 지향성의 출발은 좋은 상품으로 구색을 갖추는 일'이라고 강조했다. 사실 어느 조직이나 유통업에서는 좋은 상품을 매입하는 MD의 역할이 핵심 역량에 해당한다. 매입 체계가 잘 갖춰진 회사에서야 MD들이 납품을 희망하는 업체의 상품들 중에서 좋은 대안을 선별해내는 감식안만으로도 일을 할 수 있겠지만 마켓컬리는 달랐다. 소비자는 물론이고 공급사에도 인지도가 전혀 없던 사업 초창기에는 발로써 해결할 수밖에 없는 일들이 었다. 김슬아 대표는 대담에서 "마켓컬리는 한 사람의 천재가 아니라 여러 평범한 사람들의 열정으로 만들어진 회사"라는 표현을 자주 썼는데, 마켓컬리의 입점 사례들은 그러한 그들의 특성이 매입 과정에서도 고스란히 드러난 여정이라고 말할 수 있다.

유명 공급사
입점시키기

MD의 업무 중에는 전국 각지를 돌며 '숨은 실력자'를 발굴하는 일도 중요하지만 한편으로는 소비자에게 이미 널리 알려진 유명 브랜드를 입점시키는 일도 그에 못지않게 중요하다. 특히 유통 자체의 브랜드가 강하지 못한 사업 초창기에는 공급사의 브랜드가 유통사의 품질을 보증하는 역할을 한다. 따라서 이 같은 공급사를 설득해 입점을 이뤄내는 일은 무척이나 중요한 숙제다.

마장동에서 최고 품질의 프리미엄 소고기를 판매하는 어느 브랜드는 서비스 론칭 전부터 마켓컬리가 공략한 곳 중 하나였다. 하지만 몇 번을 찾아가도 요지부동이었다. 홈페이지도 개설되지 않은 업체가 찾아와 소고기를 공급해달라고 하니 통할 리가 만무했다.

그래도 어떻게든 좋은 소고기 제품을 입점시키고 싶어서 2주 동안 매일 마장동을 찾아갔다. 다른 고기 업체들도 다 돌아봤지만 이곳을 절대 포기할 수 없었기 때문이었다. 매일 마장동을 드나들다 보니 고기라는 상품이 어느 정도 눈에도 익고 몰랐던 것들도 많이 알게 됐는데, 이후에는 "무조건 제품을 달라"라고 말하기보다는 왜 안 되는지 이유를 묻고 우리가 왜 팔고 싶은지를 피력하는 방식으로 설득 전략을 바꿨다. 소고기 발골 작업 후에 지저분해진 매장 바닥을 청소하는 다소 전통적인 영업 방식도 써봤다고 한다.

그러다 보니 차츰 해당 매장에서도 관심을 가져주었고 실질적인 이야기를 나눌 수 있게 됐다. 역시나 난관은 200~300g 단위의 소포장 방식이었지만 좋은 고기를 더 많은 사람에게 맛보게 하고 싶다는 간절함으로 호소해 입점을 이루어냈다. 그 시점이 2015년 7월이니 마켓컬리 서비스를 론칭한 지 두 달 정도 지났을 때였다. 해당 브랜드는 이미 '미식의 상징'이라고 불릴 만큼 미식가들 사이에서 이름이 나 있었기 때문에 이 계약은 초창기 마켓컬리의 인지도를 높이는 데 큰 역할을 했다. 마켓컬리라는 사이트가 유명 프리미엄 고기를 소포장으로 판다는 소식이 아는 사람들 사이에서는 꽤 회자가 되었기 때문이다.

이처럼 진정성이 통한 사례가 굉장히 많다. '서울식 불고기의 원조'라 불리는 유명 맛집의 메뉴를 입점시키기까지의 과정도 그러했다. 마켓컬리가 이곳을 물색할 당시 이미 자사 채널에서는 가격대가 꽤 높은 타 브랜드의 갈비 상품이 인기를 끌고 있었다. 마켓컬리는 해당 카테고리에서 확장성을 읽었다. 곧장 그 식당에 연락해 마켓컬리가 왜 설립되었는지부터 무엇을 하고 싶은지에 대해 긴 시간 설명했지만 1년 이상 시간을 끌며 고민하는 기색이 역력했다. 서울 강남의 중심이라 불리는 압구정에서 오래 장사를 한 곳이라 평판에 신경을 많이 썼던 것이다. 마켓컬리도 기존 갈비 상품의 판매량을 보여주며 그만큼 잘할 수 있다는 확신을 심어주려고 노력했다.

결국 이 브랜드 역시 입점을 허락했는데 그들의 마음을 움직인 것은 매출 전망이 아니었다. 고객들이 만족할 수 있는 구체적인 배송 계획부터 시작해 이곳을 더 많은 고객에게 알리고 싶다는 진정성이 그들의 마음을 움직인 것이었다. 온라인에서 식품을 팔기 위해서는 해당 공급사가 기존의 업종인 식당 영업에서 식육가공업을 추가해야 한다. 마켓컬리는 이 부분까지 처리를 도와주며 판매를 추진했다. 이후로도 해당 브랜드와 함께 갈비탕과 꽃갈비 상품 등을 추가로 선보이며 서로의 매출에 견인차가 돼주었다.

유명 공급사를 유치하는 일은 매우 중요하다. 마켓컬리 소비자와 인터뷰를 해보면 "거기에만 있는 상품이 있어서요"라는 말이 자주 등장한다. 이러한 아이템을 흔히 '킬러 콘텐츠Killer Contents'라고 한다. 넷플릭스의 성장을 이야기할 때 자주 언급되는 「하우스 오브 카드House of Cards」 시리즈와 같은 맥락이다. 유통에서도 이 킬러 콘텐츠는 중요하다. 고객을 모으는 효과만 있는 게 아니라 이러한 킬러 콘텐츠가 모여 궁극적으로 해당 브랜드의 정체성을 만드는 역할을 하기 때문이다. 마켓컬리가 창업 초창기부터 납품이 쉽고 저렴한 상품 위주로 구색을 갖추려 했던 게 아니라, 시간과 노력이 들더라도 소비자에게 인정받는 킬러 콘텐츠를 입점시키고자 했던 전략은 그런 의미에서 주효했다고 평가할 수 있다.

더 좋은
상품을 위한 개선

숨은 재야의 고수든 브랜드 파워를 자랑하는 소문난 브랜드든 입점을 시켰다고 해서 일이 끝나는 것은 아니었다. 고객의 니즈와 마켓컬리의 경영 철학에 맞게 상품을 개선하는 작업이 늘 뒤따랐다. 즉, 입점 이후 해당 상품들이 일정 부분 '마켓컬리'라는 플랫폼의 정체성으로 작용하기 때문에 그 디테일한 결을 맞추는 작업이 필수였다.

공급사와 협의를 통해 마켓컬리는 수많은 상품의 스펙을 개선했다. 원재료 성분이 마켓컬리의 상품 선정 기준에 맞지 않는 경우가 가장 대표적인데, 그럴 때면 문제가 될 수 있는 원재료를 바꿔달라고 제안했다. 배송 과정에서 파손될 여지가 있다고 판단되면 포장 개선을 요청하기도 했다. 소포장 방식의 중량도 중요해서 때로는 이를 설득하기 위해 긴 시간을 투자하기도 했다.

이 같은 유통사의 요구는 공급사에 만만치 않은 과제가 된다. 하나를 바꾸는 게 작업 공정상 결코 쉽지 않기 때문에 결국 성사되지 못하는 경우도 다반사다. 그러나 문제점들을 해결해 기준에 부합하는 제품을 만들어내면 보란 듯이 매출이 급등하는 일도 많다. 반찬 카테고리에 있는 브랜드의 경우 특히 원재료에 대한 이슈가 많은 편이다. 상품의 퀄리티를 자부하는 브랜드라 해도 마켓컬리 자체 기준에 맞지 않는 원재료가 들어간 경우가 종종 있다. 그걸 빼자고 제안하면 처음에는 다들 손사래를 친다. 공정도 공정이지만 맛이 달라질 수 있어서다. 하지만 마켓컬리는 포기하지 않고 설득을 반복해 수많은 공급사를 움직였다. 지금도 많은 반찬 제품이 그렇게 탄생하고 있다.

4대를 이어온 80년 전통의 젓갈 제품을 론칭했을 때 특히 우여곡절이 많았다. 유명 백화점에도 이미 납품을 하고 있는 업체였는데 마켓컬리의 기준에 맞지 않는 첨가물이 하나 있었다. 그래서 그 첨가물은 빼고 천연 재료로 젓갈을 만들어주면 좋겠다는 요청을 했는데 당시에는 마켓컬리가 알려지기 전이었을 때라 당연히 어이없다는 반응이 돌아왔다.

"마켓컬리가 뭔데 백화점에도 잘 들어가고 있는 제품을 저희가 바꿔야 합니까?"

그 이후 지난한 설득의 과정이 이어졌다. 충남 아산에 있는 업체로 직접 내려가 첨가물을 뺀 샘플이라도 먼저 만들어보자고 제안했지만 관심이 없었다. 마켓컬리는 자신들이 어떻게 만들어진 회사이고 무엇을 추구하는지, 왜 좋은 젓갈을 소개하고 싶은지에 대해 장문의 편지를 보냈다. 이 같은 노력이 통했는지 결국 긍정의 회신을 얻어냈고 마침내 첨가물을 뺀 양념 젓갈을 론칭할 수 있었다. 고객들이 해당 상품의 품질을 알아본 건 물론이다. 나중에 전해들은 바로는 이 공급사는 기존에 타 업체에 납품하던 제품들까지도 모두 마켓컬리와 동일한 스펙으로 바꿨다고 한다.

앞에서 설명한 압구정 불고기 브랜드 역시 예외는 아니었다. 상호 협의를 통해 지속적으로 파생 상품을 기획하고 있는데 마켓컬리에서 론칭한 '순살 꽃갈비' 제품은 정작 매장에는 없는 메뉴다. 매장에서는 순살이 아니라 뼈가 달린 갈비를 손질해서 준다. 하지만 먹지 못하는 뼈를 가격과 중량에 포함시키는 것은 온라인 쇼핑몰에 어울리지 않는 처사이므로 마켓컬리에서는 가성비를 고려해 순살로 진행하면 좋겠다고 제안했고, 이 같은 어려운 제안을 브랜드 측에서도 흔쾌히 승낙해주었다고 한다. 시간이 흐르면서 고객을 이해하고자 노력하는 마켓컬리에 신뢰가 쌓였기 때문일 것이다.

그들뿐만 아니라 이제는 많은 공급사가 마켓컬리의 이러한 개선 노력에 대해 긍정적인 평가를 보낸다.

"당연히 마켓컬리랑 하면 빡빡하죠. 그런데 상품 퀄리티 외에 다른 부분은 강요하지 않으니까요."

"우리가 놓치는 부분도 잡아줄 때가 많습니다. 그래서 제품이 더 좋아지니 우리도 고마운 거고요."

공급사와 좋은 경험을 계속해서 쌓다 보니 이제는 제품을 출시하기도 전에 마켓컬리와 먼저 논의하며 의견을 묻는 업체도 생겼다. 이는 마켓컬리에도 또 하나의 큰 메리트가 된다. 특정 상품을 한 유통 업체에서 단독으로 진행하기는 쉽지 않은데 적어도 가장 먼저 선보일 수 있는 기회를 얻는 것이기 때문이다.

대기업 식품 브랜드 역시 샘플 상품이 나오면 먼저 보여주거나 개발 단계에서 의견을 물어오는 일이 흔해졌다. 수입사도 수입 전 한국 시장에서의 반응을 궁금해하며 마켓컬리의 의견을 듣는 경우가 많다. 이들의 의견을 최대한 반영해 출시하겠다는 의도다. 이처럼 공급사들도 상품을 개선하는 작업에 적극적으로 나서고 먼저 의견을 구하는 일이 많아지는 것은 그것이 불쾌한 간섭이라기보다 그만큼 자기 제품에 관심을 갖고 있다고 생각해주기 때문이다.

소비자와 가까워질수록 정보는 더 많아진다. 한 기업 안에서는 생산보다 마케팅이, 마케팅보다는 영업이 소비자를 더 잘 이해한다. 생산자에 비하면 유통사는 소비자를 매일 만나고 있으므로 더 많은 정보와 통찰을 가지고 있다. 그러므로 생산자들이 품질·스펙·용량 나아가 가격에 이르기까지 유통사의 의견을 반영한다는 것은 필연적이면서도 현명한 현상이라고 판단된다.

1   마켓컬리의 신선식품 담당 MD들은 상품의 신선도와 포장 상태를 점검하는 일로 하루의 일과를 시작한다.

2   시즌이 돌아와 판매를 재개하게 된 제철 과일 상품들도 반드시 해마다 생산지를 방문하며 점검하는 과정을 거친다.

2020년 3월, 마켓컬리는 화훼농가들과 합심해 생화 상품을 대거 론칭했다. 싱싱함이 생명인 꽃은 마켓컬리와 공급사가 함께 개척한 새로운 영역이다.

유통이 생산을 리드하는 현상은 일본에서도 자주 관찰된다. 일본 각지에는 대를 이어가며 자기만의 업에 몰두해온 생산자들이 많다. '몇백 년 동안 우산만 만들어온 장인 집안' 하는 식이다. 이런 생산자들의 해당 제품에 대한 완결성은 타의 추종을 불허하지만, 최근 소비자들이 어떻게 변화하고 있는가에 대한 트렌드에는 어두운 경우가 많다. 그래서 좋은 제품들이 소비자의 민감한 니즈 변화에 발맞추지 못하고 사장되는 일도 잦다.

이럴 때 유통의 역할이 중요하다. 소비자와 가까이 있는 유통이 생산자들에게 트렌드와 니즈의 변화를 설명하고 함께 상품을 개선해나가면서 서로 윈윈할 수 있는 것이다. 이러한 생산자의 제조 역량과 유통사의 트렌드 지향적인 기획 능력이 만나 제품의 개선으로 이어지는 현상은 앞으로 유통업의 발전에 핵심 동력이 될 전망이다.

PB 상품,
철학을 담는 기획

유통업에서 상품 기획의 꽃은 단연 PB 상품이다. PB란 Private Brand, 즉 유통사가 기획해 주문자 생산을 한 후 유통사의 브랜드로 출시하는 상품이다. 최근에는 대형마트나 편의점 업계에서 출시한 PB 상품이 NB^National Brand 상품, 즉 우리가 아는 전국적인 브랜드 못지않게 인기를 끄는 경우도 많다. 마켓컬리 역시 2020년 3월 기준 200여 종에 이르는 PB 상품을 출시하고 있다.

유통사가 PB 상품을 기획하는 주요 목적은 '가성비 좋은 상품'을 내놓기 위해서다. NB 상품에 비해 브랜드 파워가 약할 수밖에 없으므로 저렴하지 않으면 안 되기 때문이다. 하지만 마켓컬리의 목적은 더 저렴한 상품을 출시하는 게 아니다. 이보다는 '더 좋은 상품' 혹은 '자신들의 경영 철학에 맞는 상품'을 선보이기 위해 PB 상품을 기획하고 만든다.

마켓컬리에서 가장 의미가 큰 PB 상품은 우유다. 마켓컬리의 철학이 고스란히 반영된 상품이기 때문이다. 2016년 8월에 론칭한 이 상품은 담당 MD가 우유에 관한 논문도 찾아 읽고 대관령부터 제주도까지 목장이라는 목장은 다 다녀봤을 정도로 공을 많이 들였다고 한다. 1년여를 찾다가 우연히 제주도에서 좋은 우유를 만드는 곳을 알게 됐는데 안타깝게도 판로가 없어서 문을 닫기 직전의 목장이었다. 그곳에서 PB 상품을 만들게 됐다.

"천혜의 환경을 가진 목장이었어요. 육지와 달리 외부 동물이 쉽게 들어오지 못해 고유의 순수한 개체와 특성이 잘 지켜져 있었고 깨끗한 화산암반수까지 나오는 곳이었지요. 넓은 초지 사이에 방풍림이 있어서 외부 오염 우려도 현저히 적었고요. 여기에 제주도의 토양은 칼슘·마그네슘·산화철 등 유기물의 함량이 높아 건강한 풀이 자라기에 최적의 조건을 갖추고 있습니다. 이 우유는 꼭 해야 되겠다는 생각을 했는데 문제는 목장주가 이미 목축업을 접기로 마음먹은 상황이었어요. 하지만 서로 노력해서 PB 상품까지 만들게 됐습니다. 믿을 만한 목장에서 생산하고 마켓컬리가 만든 제품이었기에 다행히 고객들이 알아봐주셨습니다. 지금은 판매 1위 품목으로 자리 잡은 대표적인 효자 상품입니다."

제주목초우유

1	마켓컬리는 건강한 소에서 건강한 우유가 나온다고 믿는다. 이에 이들의 PB 상품은 자연 순환 농법으로 키운 목초를 먹고 자란 건강한 소에서 착유한다.
2	여러 차례 품질 검사 과정을 거쳐서 출고 가능한 상품을 분류한다.
3	착유한 즉시 저온 살균한 우유는 풀콜드체인으로 1.5일 이내에 고객에게 배송된다.

PB 상품이 가지는 또 하나의 장점은 고객들이 원하는 니즈를 정확히 파악해 그에 맞는 제품을 만들 수 있다는 것이다. 예컨대 굳이 필요 없는 건 자유롭게 뺄 수 있다. 어떤 상품의 경우 품질은 좋은데 가격이 지나치게 비싸다고 생각하는 고객들이 있을 수 있다. 이럴 때 단가를 올리는 요인은 큰데 품질에는 영향을 미치지 않는 폐기 관리 비용이나 각종 프로모션·판촉 비용을 제외하고 PB 상품을 만들면 고객의 니즈를 충족시킬 수 있다. 생산자는 원가에 대해서는 잘 알지만 무언가를 추가하거나 뺄 때 소비자들이 좋아할지 싫어할지, 유통에서 얼마로 팔릴지에 대해서는 잘 모른다. 반면 유통사는 시장 정보도 많이 알고 있고 고객을 더 잘 이해하기 때문에 오히려 생산자보다 더 세밀하게 기획할 수 있다. 이런 맥락으로 만든 대표적인 PB 상품이 저렴한 가격으로 한우의 풍미를 즐길 수 있게 한 국내산 육우 상품이다.

"숫젖소인 육우는 품질이 떨어지는 고기가 아닙니다. 기존의 유통 과정에서 발생한 문제점으로 인해 부정적인 인식이 컸다는 게 문제였죠. 사실 특별한 방법으로 숙성시킨 육우를 블라인드 테스트 방식으로 먹어보면 한우와 큰 차이를 느끼지 못합니다. 그런데 누구도 이를 극복해야 한다고 생각하지 않았던 것 같습니다. 마켓컬리는 고객에게 좋은 상품을 소개해드리는 플랫폼이고, 그래서 더더욱 육우를 꼭 보여드려야겠다고 마음을 굳혔습니다. '육우가 왜 좋은 고기인지' 어필하는 것에 주안점을 두고 상품을 준비했습니다."

일상味소

국내산 소고기를 특별한 날이 아닌 일상에서도 합리적인 가격에 제안한 것이 마켓컬리의 육우 상품이다. 2020년 3월 기준 안심·갈비살·부채살·차돌박이·사태·우삼겹·양지·불고기(목심)·채끝·사골·잡뼈·부채살 슬라이스·육전용(홍두깨살)·토시살·안창살·샤브샤브 등 부위별 세부 품목이 확대되면서 자리를 잡으며 해당 공급 업체는 다른 대기업에서 러브콜도 받았다고 한다. 무엇보다 마켓컬리의 PB 상품은 육우에 대한 인식을 바꾸는 데 기여했다. 한우라고 해서 무조건 맛있는 게 아니고 육우라고 해서 맛이 떨어지지 않는다는 것, 결국 신선한 고기를 얼마나 잘 포장해서 유통하느냐가 중요하다는 것을 입증한 셈이다.

PB 상품의 세 번째 장점은 시장에 니즈는 있는데 그에 적합한 품질의 상품이 없을 때 직접 만들어낼 수 있다는 것이다. 그래서 마켓컬리는 PB 상품을 만들 때도 기존 공급사와 논의를 하며 진행한다. 마켓컬리의 기본 방향을 모르는 회사와는 기획을 진행하기 어렵고 적절한 기준과 원칙을 지킬 수도 없기 때문이다. 실제로 마켓컬리의 PB 상품은 단지 저렴한 상품이라기보다는 판매가 대비 원가가 높은 고품질의 제품이 많다. 다시마 PB 상품이 또 다른 좋은 예다.

"대형 백화점에 가보면 생산자의 이름이 박힌 브랜드 미역이나 다시마 제품이 있습니다. 이를 직접 먹어보고 검토해보면서 '정말 최고로 품질이 좋은 상품일까?' 하는 생각을 많이 했습니다. 직접 생산자를 찾아가 함께 배를 타고

바다로 나가 보며 어떤 게 좋은 다시마인지 제대로 알아보고 제대로 된 상품을 판매하고 싶었습니다. 그 모든 과정을 거쳐 우리만의 다시마 PB 상품을 만들었습니다. 육수는 거짓말을 하지 않는다고 합니다. 육수 맛만 살짝 봐도 제대로 된 식재료를 사용하는지 인공 조미료를 사용하는지 알 수 있다는 뜻입니다. 그래서 요리하는 사람들은 좋은 건어물에 집착합니다. 다시마는 매일 먹는 식품이 아니다 보니 특성상 판매량이 아주 많은 편은 아니지만 꾸준히 올라오는 좋은 후기를 보며 보람을 느낍니다."

작은 맺음말

앞에서 언급했듯이 유통의 중심축이 가격에서 좋은 상품으로 옮겨가는 순간 마법이 시작된다. 고객은 가치 있는 상품을 구매할 수 있어서 행복하고, 공급사는 자기 제품의 품질을 인정받을 수 있어서 행복하며, 유통 플랫폼은 적정한 이윤을 확보할 수 있어서 행복하다. 그래서 '좋은 상품'은 파트 1의 소비 가치와 이번 파트의 상생을 관통하고 있는 키워드다.

좋은 상품을 확보한다는 것이 말처럼 쉽지는 않다. 좋은 상품은 다양한 스펙트럼 안에 존재한다. 프리미엄 품질의 좋은 상품도 있고, 가격 대비 훌륭한 퀄리티의 좋은 상품도 있으며, 소비자들이 선호하는 대중적인 좋은 상품도 있다. 하지만 이런 좋은 상품을 생산할 수 있는 공급사의 정성과 그것을 알아볼 수 있는 유통사의 안목이 뒷받침되지

최고의 다시마를 발굴하기 위해 수산 MD들은 직접 배를 타는 수고도 마다하지 않았다.

않으면 소비자 손에 좋은 상품이 올라가지 못한다.

"소든 닭이든 그것들은 모두 내 발자국 소리를 듣고 자란다."

축산 농가에는 이런 말이 있다고 한다. 1차 산업은 거짓말을 할 수 없는 비즈니스다. 공을 들인 만큼 좋은 상품이 나온다. 꾀를 부리거나 요행에 기댈 수 없는 것이다. 그래서 목장이나 양계장을 경영하는 분들은 평생 휴가 한번 제대로 못 가고 일을 하는 경우가 많다. 2018년 5월 마켓컬리가 공급사를 초대해 점심을 내접하는 '공급사와의 점심'이란 행사를 주최했을 때 "그동안 휴가도 못 갔는데 오늘 처음으로 아침에 일을 맡기고 올라왔다"라는 분들이 많아 깜짝 놀랐다고 한다.

이런 정성으로 만든 상품이니 공산품과는 다른 것이다. 단지 가격이 문제가 아니다. 진심의 문제다. 농부에게는 그들 나름의 목마름이 있다. '나의 정성을, 내 상품의 진정한 가치를 유통사와 고객들이 알아줄까?' 대부분의 공급사들은 팔 곳이 없어서 마켓컬리에 납품하는 것이 아니다. 대형 유통사에도 납품해본 분들이지만 그 목마름은 늘 남아 있었던 것이다.

어느덧 마켓컬리는 공급사들이 찾는 1순위 마켓이 돼가고 있다. 물론 까다로운 그들의 기준 때문에 힘들어하거나 포기하는 공급사도 있지만, 오히려 그 깐깐함 덕분에 '마켓컬리에 상품을 납품하면 품질은 인정받은 것'이라고 자부하는 곳도 생겼다. 마켓컬리 입점이 하나의 자격증이 된 셈이다.

마켓컬리가 공급사들의 진심을 이해해줬기에 기꺼이 '자식 같은' 상품을 내어주고 제품 개선에도 함께 노력을 기울였던 것이 아닐까? 상품에 대해 개선을 논의하는 일은 결국 '고객'을 이야기하는 것과 같다. '고객이 원하는 방향'이 마켓컬리와 공급사가 공유하는 '공동의 목표'가 될 때 진정한 의미의 '상생'이 시작된다. 다소 어려운 요청이 계속되더라도 불필요한 감정이 끼어들 여지가 줄어들고 서로의 역할이 더 분명해질 수 있다. 같은 목표를 바라보고 같은 관점에서 상품을 만들 때 공급사·소비자·플랫폼이 함께 성장할 수 있는 것이다.

김난도 × 김슬아 대담

Column 맛있는 음식을 만들기 위해 좋은 재료를 준비해야 하듯이 사랑받는 유통사가 되려면 좋은 공급사를 확보해야 한다. 이는 비단 유통업만의 문제는 아니다. 훌륭한 파트너가 있을 때 회사가 성장할 수 있기 때문이다. 아무것도 없는 상태에서 출발한 무명의 마켓컬리는 어떻게 공급사를 설득하고, PB 상품을 기획했을까? 공급사마저 '망하는 지름길'이라고 말렸던 상품의 직매입을 할 수밖에 없었던 까닭은 무엇일까? 달의 모양을 보고 내일의 어획량을 추측하고, 고등어 기름에 관한 VOC를 읽고 간수를 자주 교체해달라고 요구하며, 좋은 우유를 위해 어미 소와 송아지가 얼마나 붙어 있었는지를 체크하는 MD들의 분투에서 마켓컬리의 공급사 관리 비결을 짐작할 수 있다. '망하는 지름길'로 서슴없이 걸어 들어갔던 김 대표의 솔직한 경험담을 가감 없이 들어보자.

김난도 마켓컬리의 MD들은 달의 모양만 보고도 내일의 어획량을 예측하는

경지에 올랐다고 들었습니다. 비단 경험뿐만 아니라 공부도 무척이나 했을 것 같네요. MD의 핵심 자질이 무엇이라고 생각하시나요?

김슬아 품질입니다. VOC 관리를 잘해야 해요. 식품 MD들이 오늘 밤 달을 체크하고 그날의 날씨를 살피는 일도 같은 맥락입니다. 날씨가 좋지 않으면 체리가 무를 수밖에 없고 그런 날에는 어김없이 VOC가 많이 들어오거든요. 저희 MD들이 날씨에 집착하는 까닭도 이런 것들이 모두 선행지표가 되기 때문입니다.

MD들이 보석을 캐내는 사람들이라면 그보다 먼저 보석이 있어야겠지요. 땀 흘려 농산물을 키우는 분들의 이야기를 들어보고 싶습니다. 초창기에는 좋은 생산자들을 모시기까지 어려움이 많았겠어요.

네, 초창기에는 영업 자체가 되지 않았습니다. 구축해놓은 홈페이지도 없고 회사가 작다는 이유도 있었지만, 유통사에서 직접 매입을 한다는 개념 자체를 납득하지 못하셨습니다. 좋은 마음으로 조언해주신 분 중에는 '회사가 망하는 지름길'이라고 경험이 없는 저희를 걱정해주시더라고요. 한편으로는 품질을 알아주는 소비자가 얼마나 될까 우려도 하셨습니다. 지금까지 많은 유통사가 존재했는데 그러면 왜 그동안은 팔리지 않았느냐는 것이지요. 저희는 일단 수요가 분명하다는 걸 입증해야 했고 매입을 해도 망하지 않는다는 걸 보여드려야 했습니다. 한두 건의 성공적인 케이스부터 만들어보려고 정말 많이 노력했습니다.

예를 들자면 어떤 것이 있을까요?

마켓컬리의 시작을 함께했던 초창기 공급사들의 상품은 정말 공을 많이 들였습니다. 이 상품이 좋다는 걸 납득시키기 위해 구매해주신 분들에게도 일일이 전화를 드렸습니다. 혹시나 상세 페이지에 기재해놓은 걸 쉽게 이해하지 못하셨을까 해서요. 받으면 이렇게 드시고 이렇게 보관해야 가장 맛있다고 안내해드렸습니다. 설명을 들은 분들은 상품의 진가를 제대로 느끼실 테고 그렇다면 틀림없이 다시 찾아주실 테니까요.

마켓컬리에 입점되는 상품은 다른 유통사에 동일하게 공급돼도 스펙이 조금 다른 것 같아요. 마켓컬리의 의견이 상품에 반영된 결과인가요?

물론입니다. 저희 내부 기준으로 볼 때 문제가 되는 원료가 들어 있다든가 요즘 소비자의 트렌드에 맞지 않는 상품이라면 협의를 거칩니다. 맛이 약간 덜해도 아이에게 안심하고 줄 수 있는 건강한 스펙을 추구하기에 염도나 당의 정도가 낮은 편입니다. 더욱 집밥 같은 맛을 내기 위해서 공급사를 많이 설득하고 있고, 그래서 같은 공급사에서 만든 상품이라도 대

형 유통사에 납품되는 반찬과 종종 다른 스펙이 나옵니다. 대
용량 포장도 소포장으로 많이 권해드리고 있습니다.

다들 저마다의 노하우와 철학이 있을 텐데 설득이 쉽지 않았겠어요.

맞습니다. 그래도 MD들의 노력을 알아봐주시는 것 같아요.
사실 시중의 상품을 그대로 받아서 쓰면 저희 MD들도 일하
기 편할 거예요. 하지만 굳이 설탕의 양을 반으로 줄여달라거
나 상품위원회를 통과하기 위해서는 어떤 부분이 개선되어야
한다고 말씀드리는 건 불편해도 고객을 위한 일이거든요. 결
국은 고객에게 더 좋은 상품을 판매하기 위함이라는 걸 잘 알
아주셔서 공급사들도 기꺼이 도와주시는 편입니다.

**마켓컬리가 공급사의 부족한 부분에 대해 컨설팅해주었다면 그 반대의 경우도
있었을 것 같습니다. 유통사가 사실 모든 제품을 속속들이 파악할 수는 없잖아
요. 공급사로부터 노하우를 받는 등 그 반대의 도움은 없었나요?**

정말 많습니다. 저희가 PB 상품으로 우유를 론칭했을 때 목
장주께서 굉장히 의미 있는 말씀을 해주셨어요. 기획 당시 저
희 MD는 유기농 우유를 만들고 싶어 했는데 가격이 30퍼센
트는 더 높아지더라고요. 물론 사료까지 유기농을 쓴 우유는
최고의 스펙을 갖게 될 테지만요. 그때 목장주께서 이런 말씀

을 하셨습니다. 우유가 이렇게 비싸면 자신이 처음으로 목장을 세웠을 때의 철학, 즉 우리나라 아이들도 건강한 우유를 먹고 쑥쑥 자라면 좋겠다는 신념이 흔들릴 것 같다고 하셨습니다. 모든 면에서 빠지지 않는 우유를 만드는 일도 중요하지만 누구나 조금씩은 사 먹을 수 있는 우유를 만드는 게 더 옳지 않겠느냐는 말씀이었습니다. 그래서 목장주께서 저희 MD를 설득해 무항생제 우유부터 출시해보자고 제안하셨습니다. 심지어 납품 가격도 깎아주셨고요. 저희가 미처 알지 못한 생산자의 고심이 상품성을 더 높인 사례입니다. 특히 상품에 관해서는 이분들만큼 전문가가 없기에 소비자의 니즈와 접점을 찾아 좋은 상품을 만드는 게 저희의 역할인 것 같습니다.

요즘 고객들은 특히나 해당 채널에만 있는 한정된 상품을 누리고 싶어 하는 것 같습니다. 마켓컬리 사용자 중에도 "마켓컬리에는 다른 데서 찾아볼 수 없는 상품이 있다"라는 말을 더러 하시더라고요. 그렇게 되기까지 기획도 중요하고 또 생산자분들의 고집도 있었겠지요?

사실 초창기에 판매한 상품 대부분은 유통망이라는 걸 거치지 않았던 상품입니다. 그냥 조그맣게 동네에서 단골들에게만 파시던 상품이었어요. 그분들이 브랜드로 키우지 못했던 이유는 우리나라 소비자들이 유독 '빅 브랜드'에 대한 신뢰가 강했기 때문입니다. 빅 브랜드가 되려면 대형마트에 들어가야 하고, 그 안에서도 전면에 진열되어야 하기에 유통사가 제안하는 1+1 패키지라든가 시식 행사 등에 마케팅 비용을 많이 써야 합니다. 제조사가 그런 역량까지 갖추기는 쉽지 않으니 평가를 받을 기회조차 없었던 게 사실이지요. 저희는 그런 분들을 지속적으로 발굴하고 그분들이 생산한 상품을 유통하는 게 사명이라고 생각합니다. 패키지부터 온라인 콘텐츠, 마케팅은 물론이고 제도상 절차가 필요한 부분도 함께 동행해 드리고 있습니다. 고객들은 평소에 꼭 한 번 먹어보고 싶었던 상품을 줄 서지 않고 집에서 편안하게 받을 수 있어 좋아하시고요. 생산자들은 대형 브랜드의 그늘을 피해 설 자리를 찾을 수 있어서 좋다고 하십니다.

처음에는 유명 맛집을 들여오기 위해 노력했다면 이제는 '마켓컬리에 납품해서 유명해졌다'고 하는 공급사도 많을 것 같아요.

그 부분에 대해 정말 뿌듯하게 생각합니다. 특히 저희 공급사처럼 신선식품을 다루는 업체들은 온라인에 아예 거래처가 없는 경우가 많았습니다. 직접 눈으로 보고 사야 안심이 되는 신선식품을 온라인에서 구매하는 문화 자체가 생소했으니까요. 다른 유통사 입장에서도 이 업체들이 제대로 품질 관리를 하고 있는지 확신할 방법이 없었는데 요새는 이런 말씀을 많이 한다더라고요. "마켓컬리에 납품하는 스펙 그대로 가지고 오시라"고요. 그럴 때 저희 MD들은 조금 속상해하기도 합니다. 그들이 말하는 그 스펙을 만들기 위해 고생을 많이 했으니까요. 그럼에도 감사한 건 생각보다 많은 공급사에서 다른 유통사로 확장을 잘 안 하는 편입니다. 고등어를 공급해주시는 분께서 이런 말씀을 하더라고요. 마켓컬리 MD가 "간수를 자주 교체해주셔야겠네요?" 하고 묻는데 깜짝 놀랐다고요. 보통은 고등어에 소금을 뿌린다고 생각하지 소금물에 담갔다가 빼는 방식을 아는 MD가 잘 없다는 거예요. 그런데 그 프로세스를 MD가 정확히 알고는 전화를 해서 요즘 노르웨이 고등어에 기름이 많이 올라오니 물을 자주 교체해달라고 요청한 것입니다. 이렇게까지 내 상품에 집착하는 MD가 있는데 이걸 그대로 들고 다른 데로 갈 수 없다고 하시더라고요. 이런 말을 들으면 저희 MD들은 더 열심히 일하게 됩니다.

앞서 제주도 우유에 대한 이야기도 나왔지만 마켓컬리에도 PB 상품이 있습니다. 이를 개발하게 된 결정적 계기가 있었나요?

저희의 기준에 딱 맞는 상품을 찾을 수 없어서 PB 상품을 만들었습니다. 가장 처음으로 개발한 PB 상품이 우유였어요. 저희의 기준에서 우유는 신선식품이었는데, 그러려면 소젖을 짜고 가공해서 끓인 뒤 몇 시간 안에는 섭취할 수 있어야 한다는 원칙이 적용돼야 했습니다. 그런데 이게 가능하려면 목장과 공장 사이에 거리도 짧아야 하고, 공장에서는 조금 애매한 시간에 일을 해줘야 합니다. 이런 요인들 때문에 보통 우유를 짜고 하루 정도 묵혀 두었다가 살균을 합니다. 저희는 이걸 오전 시간 안에 끝내달라고 하니 여러 업체에서 난색을 표하셨어요. 소가 몇 시간 동안 나가서 볕을 쬐는지, 어미 소랑 송아지가 붙어 있을 수 있는지, 바닥에 깔아놓은 볏짚은 하루에 몇 번이나 갈아주는지도 중요했습니다. 그러던 중에 앞서 말씀드린 좋은 철학을 가진 목장주를 만났고 그분들이 여러 투자와 노력을 아끼지 않아주신 덕분에 2016년 8월에 저희 목표에 맞는 우유를 론칭할 수 있었습니다. 당시 저희는 '이건 절대 망하면 안 된다', '가정 배달을 해서라도 잘 팔아드리자'라고 다짐했는데 다행히 지금은 효자 상품이 되었습니다. 이렇게 자신감을 가지며 PB 상품을 하나씩 늘려가고 있습니다.

PB 상품이 결국 마켓컬리의 기획력을 상징적으로 보여주는 셈이군요.

네, 저희는 PB 상품을 통해 '고객에게 가장 좋은 품질로 보답한다'는 아주 단순하지만 확실한 명제를 지켜나가려고 합니다. 한국은 물론 해외 거래처도 가리지 않을 생각입니다. 지금도 저희 PB팀 직원 중 한 명은 한국인에게 딱 맞는 그릭요거트를 개발하기 위해 6개월째 균주만 연구하고 있습니다. 경영자의 시각으로 볼 때 꼭 그렇게까지 해야 하나 싶다가도 저역시 상품 조직을 이끄는 사람이기에 그 MD가 일을 굉장히 잘하고 있다고 칭찬해주고 싶습니다. 고객을 위해서라면 단한 가지도 포기하지 않겠다는 마음인 거잖아요. 물론 밀키트나 즉석 식품까지도 개발할 뜻이 있습니다. 그런 상품일수록 기성품이 충족시켜주지 못하는 부분이 분명 있다고 생각합니다. 어떻게 하면 엄마가 차려준 것처럼 느낄 수 있는지, 즉 마켓컬리가 아침에 배송해준 것인지 모를 만큼 완성도를 높이고 싶습니다. 요리 연구가 한 명이 무친 나물 맛과 주부 백 명이 무친 나물 맛이 같아질 수 있도록 아직 기계화되지 못하는 영역까지도 연구하는 게 저희의 숙제라고 생각합니다.

마켓컬리 김슬아 대표가 본사 회의실에서 70여
가지의 상품 선정 기준에 관해 설명하고 있다.

━━ 장지동 물류센터 회의실에서 만 5년을 맞이한 마켓컬리의 창업과 투자 스토리를 듣고 있다.

2020년 3월 어느 금요일 오후, 마켓컬리 직원들이
모여 상품위원회를 진행하고 있다. 아침부터 저녁
까지 이날 하루만 약 330개의 상품을 심사했다.

P A R T 3

운영 프로세스

Realizing Detail Management

디테일 경영 실현

Keeping Customer Values

Utmost Suppliers' Interests

Realizing Detail Management

Last Fit Maximization

Yield to Autonomous Synergy

리테일은
디테일이다

"이름을 모르는 직원이 있으세요?"

개인적으로 스타트업 창업자를 만나면 종종 이렇게 묻곤 한다. 한 스타트업이 '성장통'을 겪는 시점을 가늠하는 내 나름의 기준이기 때문이다.

처음 회사를 설립한 창업자는 적은 수의 직원과 동고동락하며 사업을 일정 궤도에 올려놓기 위해 노력한다. 배달 음식을 시켜 먹으면서 함께 샛별을 보기도 할 테니 대표가 직원들의 이름을 모를 수가 없다. 하지만 회사가 어느 정도 안정 궤도에 오르고 사업을 확장하기 시작하면 상황이 달라진다. 새로운 직원들이 계속 들어오는 반면 대표는 외부로 나갈 일이 잦아진다. 투자자·거래처·규제 당국·협회 등 다양한 이해 당사자와 만나다 보면 어느 순간 대표는 직원들을 향해 "자네 누구지?"라는 질문을 하게 된다.

이는 스타트업에 중요한 순간이다. 회사가 폭발적으로 성장하는 '도약의 변곡점'인 동시에, 회사가 더 이상 '열정'만으로 움직일 수 없는 '시스템'을 구축해야 할 시점이기 때문이다. 이 시기를 잘 넘겨야 하나의 스타트업은 비로소 자리를 잡고 '유니콘'(기업 가치 1조 원 이상의 신생 기업)을 바라보게 된다. 즉, 이 순간에 가장 중요한 경영의 요소가 바로 '운영 프로세스가 얼마나 시스템으로 잘 자리를 잡았는가?'이다.

그런 순간이 마켓컬리에도 찾아왔다. 계기가 된 것은 '모르는 직원'이 아니라 '일일 주문량'이었다. 김슬아 대표는 하루 주문량이 5000~6000건이던 사업 초창기부터 직원들에게 종종 이런 질문을 했다.

"그런 날이 올진 모르겠지만 하루에 주문 건수가 1만 건이 되면 그때는 어떻게 될까요? 우리가 잘 해낼 수 있을까요?"

생각보다 '그날'은 빨리 찾아왔다. 2017년 연말에 처음으로 하루 주문량이 1만 건을 넘어선 것이었다. 크리스마스 시즌이라 주문 물량이 폭증했다. 모든 직원이 물류센터로 출동해 쉴 틈 없이 포장만 했다. 새벽 2시까지 작업이 이어졌고 그날 직원들은 또다시 같은 이야기를 나눴다고 한다.

"우리 이러다가 매일 1만 건씩 처리하게 되면 어떡하죠? 감당이 안 될 것 같은데요."

2018년 말 마켓컬리의 하루 평균 주문량은 1만 7000건을 넘었다. 이 책을 집필하는 시점인 2020년 3월에는 주문량이 6만 건을 넘었다고

[그림 4] 마켓컬리의 운영 프로세스

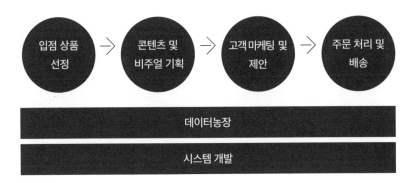

이 모든 과정에서 발생하는 문제점을 확인하고 개선하는 일이 창업 이후 매일같이 반복해온 일들이다.

한다. 하지만 처음의 우려처럼 큰 문제는 발생하지 않았다. 회사의 규모가 커지면서 운영 프로세스도 함께 진화했기 때문이다.

　갑작스러운 물량 증가는 어느 회사에든 리스크로 작용한다. 마켓컬리의 가장 큰 리스크는 매일 밤 11시부터 발생한다. 새벽 배송으로 처리할 수 있는 주문이 끝나는 시점, 즉 이때부터 해결해야 할 문제들이 연속적으로 생겨난다. 몇만 건의 주문이 들어오든지 간에 포장·검수·검품·배송의 모든 과정이 처음 한 건의 주문을 처리했을 때처럼 완벽해야 한다. 물량이 적을 때야 무조건 열심히 하면 어떻게든 됐지만, 이때부터는 개인기로 승부할 수 있는 범위를 넘어선다. 고객의 주문을 원활하고 효율적으로 처리하기 위해 기본적인 사내 전산 시스템도 업그레이드해야 하고, 빅데이터나 AI를 활용한 추가적인 기술 도입도 검토해야 한다.

마켓컬리의 내부 운영 프로세스는 크게 그림 4와 같은 단계를 거친다. 이번 파트에서는 시도와 실패를 거듭하며 진화해온 마켓컬리의 운영 프로세스를 상세히 살펴보기로 하자.

입점 상품 선정:
매주 돌아오는 특별한 회의 '상품위원회'

매주 금요일, 마켓컬리 MD들이 회의실 한편에서 분주하게 움직인다. 사실 회의실이라고 부르기에도 적합하지 않다. 한쪽 벽면에는 각종 식품 관련 자재와 주방 기구가 선반을 빼곡히 채우고 있고, 그 맞은편에는 냉장고가, 다른 한구석에는 요리를 할 수 있는 부엌이 조그맣게 자리하고 있다. 가운데로는 긴 테이블이 놓여 있다. 매주 차례를 기다리던 상품들이 맛있는 냄새를 풍기며 올라오는 곳이다. 심사가 진행되는 동안 또 다른 음식을 준비해온 MD가 고소한 냄새를 내며 요리하기에 한창이다. 바로 '상품위원회'가 진행되는 현장이다.

김슬아 대표를 비롯해 상품을 소싱하는 MD팀과 스토리라인을 만드는 에디터, 프로모션 마케팅 담당자와 물류센터의 검품 담당자까지 모두 한자리에 모여 개별 MD가 준비한 상품을 직접 조리해 다각도로 맛보면서 심사한다. 파트 1에서 언급한 70여 가지의 기준에 부합하는지 여부는 미리 문서 형태로 공유된 상태다. 따라서 당일의 회의는 엄격한 심사라기보다는 자유롭게 의견을 나누며 제품의 방향을 도출하는 시간에 가깝다.

"확실히 맛은 있어요. 저는 적당히 단맛도 있으면서 매콤한 게 좋았어요."

"아무래도 '불닭'이라고 하면 엄청 매운 걸 기대하고 구매하실 것 같은데요."

"명칭을 바꿔보는 건 어떨까요? 매콤치즈닭? 매콤닭볶음?"

"여기 들어간 색소가 천연 색소라고 해도 동물성인데, 아이들이 먹는다는 걸 고려하면 다른 색소로 교체하는 게 좋지 않을까요?"

"제조 공장에 금속검출기가 있다고 했지요? 영점 조정 주기는 얼마나 될까요?"

"상품 특성상 1인 가구에서 많이 구매할 것 같아요. 그렇다면 용량이 생각보다 많은데 절반으로 줄이는 건 어떨까요?"

"기존에 판매 중인 같은 카테고리의 상품과 비교해 어떤 점이 차별화 포인트일까요?"

이렇게 상품 하나를 테이블에 두고 여러 부서가 머리를 맞댄다. 초창기에는 고객의 관점에서 맛·재료·보완점·네이밍 등을 논의하는 데 일곱 시간이나 걸린 상품도 있었다고 한다. 지금처럼 상품 개수가 많지 않았을 때라 가능했겠지만, 마켓컬리에서 이 회의가 얼마나 중요한 위상을 차지하는지, 물건은 또 얼마나 꼼꼼하게 검수하는지를 잘 보여주는 사례다. 필자가 이 책을 집필하기로 결정했을 때 물류센터부터 보고 싶다고 요청하자 마켓컬리 담당자는 "그보다는 상품위원회부터 참관하는 게 좋겠다"라고 의견을 줄 정도였다.

마켓컬리의 MD들은 이 회의를 두고 "거의 수술하는 수준으로 상품을 살펴본다"라고 말한다. 처음에는 '이렇게까지 해야 하나?' 싶다가도 결국에는 '충분히 이렇게까지 해야 한다'고 느끼는 순간이 온다고 한다. 매주 금요일 오전 10시에 시작해 늦으면 오후 9~10시까지 진행되는 상품위원회에는 하루에도 300여 가지의 상품이 올라온다. 2020년 3월부터는 상품 수가 늘어나 목요일에도 상품위원회를 열어야 할 정도가 됐다. 미리 소화제를 챙겨둬야 할 정도로 많은 음식을 먹다 보니 회의가 있는 날에는 모두 그 자리에서 자연스럽게 식사를 해결한다.

처음 상품위원회에 참석하는 신규 입사자들은 론칭하기 전 다양한 상품을 직접 먹어볼 수 있어서 좋아하지만, 사실 그렇게 행복한 시간만은 아니다. 먹고 싶은 순서대로 음식이 올라오지 않는 까닭에 디저트류만 연달아 먹다가도 국간장·양조간장 등의 진한 맛을 고스란히 느껴야 할 때도 있다(그래도 언젠가 산삼이 올라왔을 때는 다들 환호했다고 한다). 특히 신규 카테고리를 론칭할 때가 어렵다. 검증 기준 자체를 처음부터 다시 세워야 하기 때문이다. 반려동물 카테고리의 경우에는 취식의 주체, 그러니까 강아지에게 어떤 음식이 먹고 싶은지를 물어볼 수 없다. 결국 '강아지에게 좋은 사료는 무엇인가?' 하는 근본적인

상품위원회를 준비하는 MD의 모습. 조리 상품의
경우 MD가 직접 조리해 상품위원회에 올린다. 조
리 상태는 맛과 직결되기 때문에 이날 MD들은 각
별히 신경을 써 음식을 준비한다.

1   상품위원회에서 언급된 주요 특성은 상품의 상세 페이지에 녹아 활용법과 팁 등으로 재탄생한다.

2   담백한 맛을 좋아하는 직원부터 자극적인 맛을 좋아하는 직원까지 한자리에서 함께 맛보며 의견을 나눈다.

질문에서 출발해, 직접 먹어보는 실험 정신으로 '휴먼그레이드Human Grade'(사람이 먹을 수 있는 수준의 반려동물 식품) 상품에 한해서는 사람의 음식과 같은 기준으로 안전하게 먹어보며 검증을 했다고 한다.

이 자리에서 마케팅 담당자는 기획전이나 프로모션에 관한 아이디어를 얻고, 콘텐츠 담당자는 제품의 포인트를 파악하거나 촬영 시 유의해야 할 점을 숙지해 더 완벽한 퀄리티로 후속 작업을 이끌어낸다. 더불어 마켓컬리 고객만을 위한 차별화 방안이나 과대 포장에 관한 염려 등 여러 제반 사항을 두고 머리를 맞대며 품질 그 이상의 가치를 함께 만든다. 즉, 상품위원회는 '좋은 상품'을 넘어 고객에게 '더 나은 제안'을 할 수 있는지 마지막으로 최종 점검하는 자리다.

마켓컬리의 상품위원회는 유통업이 아닌 다른 산업에서도 벤치마킹할 가치가 있는 제도다. 앞서 파트 1에서도 이야기했듯이 매입은 유통업의 핵심 역량이다. 즉, 핵심 역량에 해당하는 기능에 한해서만큼은 책임 부서뿐만이 아니라 유관 부서와 나아가 대표까지도 함께 의사결정하는 조직적인 대응이 필요하다. 그렇기에 대표가 직접 참여하고 유관 부서에서 기탄없이 의견을 개진할 수 있는 위원회의 존재는 무척이나 중요하다. 물론 조직이 커갈수록 대표가 모든 의사결정에 참여하거나 모든 논의를 관련 부서와 함께할 수는 없겠지만, 적어도 '우리 조직의 생사가 걸려 있다'고 판단하는 일만큼은 마켓컬리의 상품위원회에 해당하는 조직적인 해법이 필요하다고 할 수 있다.

콘텐츠 기획:
'컬리 스타일'을 찾아서

요즘 소비자는 상품의 품질 혹은 가격만큼이나 그것을 누가 만들었고, 어떻게 골랐으며, 왜 판매하는지를 알고 싶어 한다. 즉, 상품의 스펙만큼이나 스토리텔링이 중요하다는 뜻이다. 온라인 채널인 마켓컬리는 고객과 직접 대면할 수 없다는 명확한 한계를 지니고 있다. 그 때문에 서비스 초기부터 스토리텔링에 공을 들였다. 기획 단계부터 상품에 관한 검증을 충분히 했고, 소비자 평가 등 시장조사를 하면서 상품 자체가 아닌 맥락을 이해하려 노력했다. 이는 광고기획사에서 콘셉트를 만들어내는 '크리에이티브' 작업과 유사하다.

상품위원회를 통과해 매입이 결정된 상품에는 이름과 스토리가 부여된다. 그다음으로는 홈페이지에서 더욱 가치 있어 보이게 하는 비주얼 작업이 기다리고 있다. 이른바 콘텐츠 기획 단계다. 마켓컬리는 네이밍과 스토리텔링, 비주얼 기획 등을 통칭하는 콘텐츠 기획 단계에서도 '컬리 스타일'을 추구한다. 즉, 창의력과 임기응변이 중요한 영역이지만 특정 개인에게 퀄리티를 의존하지 않고 누구나 같은 색깔을 낼수 있도록 운영 프로세스를 설계하는 것이다. 더 자세히 살펴보자.

콘텐츠 기획: 스토리텔링부터 네이밍까지

사실 유통 안에서 크리에이티브 영역이 존재하는 사례는 많지 않다. 정해진 틀에 따라 빠르게 움직이는 것이 핵심이기 때문에 크리에이티브한 작업 자체가 쉽지 않다. 하지만 영업사원이 고객을 일일이 설득할 수 없는 비대면 구매 채널에서는 제품 하나하나에 녹아든 크리에이티브한 스토리텔링이 무엇보다 중요하다.

'쏟아지는 물량을 소화하면서 동시에 어떻게 하면 더 체계적으로 크리에이티브를 발휘할 수 있을까?'

매달 900여 개의 상품을 론칭하는 마켓컬리에는 다뤄야 할 스토리도 900여 가지가 존재한다. 900여 가지의 상품이 고르고 일관된 메시지를 전달하려면 위의 질문은 반드시 던져야 할 화두다. 마켓컬리의 작업 방식은 '컬리 스타일'을 유지하되 '핵심은 무엇인가?'에 대한 답을 찾는 과정으로 꾸준히 진화해왔다. 처음에는 "다큐멘터리 같다"라는 이야기를 들을 정도로 상품의 상세 페이지 분량이 길었다. 상품 수가 많지 않을 때야 이 같은 풍성함이 장점으로 작용했지만, 하나둘 개수가 늘어나면서 고객들도 읽다 지쳐 마우스 스크롤을 내려버리는 경우가 생겨났다. 또 하나의 정보 과잉이 발생한 것이다.

결국 제품 하나하나에 집중하던 관점에서 벗어나 전체 카테고리와 그루핑을 고려하는 방식으로 작업 방향을 변경했다. 셀 수 없는 테스트와 시행착오가 만들어낸 마켓컬리만의 포트폴리오에 따라 지금은 구매 목적성과 이유에 초점을 맞춘 핵심 콘텐츠를 만드는 데 집중하고 있다.

한번은 기저귀 상품의 콘텐츠를 쓴 담당자가 기저귀를 갈아본 경험이 없어 난감해한 적이 있었다고 한다. 엄마의 마음을 상상으로만 추측할 수밖에 없었던 것이다. 고심 끝에 맘카페를 뒤져 '기저귀'로 검색되는 모든 글을 찾아 읽었다. 그 과정에서 실제로 엄마들이 어떤 점에 불안해하는지를 파악했고, 이를 스토리텔링에 중점적으로 활용했다. 그렇게 탄생한 카피는 다음과 같다.

"오죽하면 '기저귀 유목민'이라는 말이 생겨났을까요?"

이 카피는 당시에 꽤 호평을 받았는데, 실제로 담당 에디터가 맘카페에서 본 게시글의 제목이었다고 한다. '도대체 언제까지 유목민 생활을 해야 하나요?' 육아맘의 고충이 담긴 글을 보면서 힌트를 얻은 것이다. 무작정 장점만 나열하며 '우리 상품이 이렇게 좋다'고 강조하는 접근법이 아닌, 구매 버튼을 누를 동기가 되는 하나의 스토리를 고

PPUL
by Kurly

1
2

1   마켓컬리에서 직접 브랜딩한 PB 상품들. 네이밍부터 디자인까지 모두 마켓컬리의 손을 거쳤다.
2   마켓컬리가 최근 론칭한 PB 상품인 1++ 한우 브랜드 'PPUL[뿔]'. 마블링·육질·숙성도·손질 방
     식 등 모든 영역에서 최고를 지향한다.

객의 언어로 담아내려는 노력이 통한 사례다.

PB 상품을 네이밍할 때도 어떻게 하면 고객에게 편안하게 다가갈지를 최우선으로 고민한다. 일상에서 고객들에게 말을 건네듯 자연스럽게 닿을 수 있으면서도 그 안에 의미를 담고자 하는 것이다. 'Hallo, 노르웨이 고등어'는 고등어가 "안녕, 나는 고등어야!"라고 자기소개 하는 모습을 떠올리며 만든 상품명이다. 노르웨이어로 '할로Hallo'의 뜻이 '안녕'인데, 신선한 상태로 한국까지 도착했다는 의미를 담고 싶었다고 한다. 합리적인 육우의 가치를 표현하고자 작명한 '일상味소'는 활짝 웃고 있는 소의 얼굴에서 '미소'라는 단어를 떠올리고 이 중 앞 글자를 '味'(맛 미)로 바꾸며 '매일 먹는 소고기, 일상 소고기'라는 콘셉트를 살린 사례다.

비주얼 기획: 촬영에서 라이프스타일 창조까지

비대면 구매 채널에서는 '상품을 어떻게 보여줄 것인가?' 하는 비주얼 문제도 중요하다. 마켓컬리는 경쟁자가 쉽게 따라 하지 못할 자신만의 스타일을 만들고자 노력했고, 지금의 상품 비주얼 기획력은 그동안 수없이 쌓아온 경험의 산물이다. 그 시간의 축적을 보여주는 두꺼운 비주얼 가이드도 있다. 여기에는 무엇을 기준으로 어떻게 촬영을 기획하고 진행하는지 마켓컬리의 모든 노하우가 담겨 있다. 물론 이 가이드는 하나의 방향성이지 정해진 답은 아니다. 그 안에 갇힌다는 것 또한 크리에이티브가 발휘되는 기회를 차단하는 것이기 때문이다. 매주 촬영이 끝나면 담당자들이 모여 리뷰를 하고 이를 바탕으로 가이드가 지속적으로 업데이트된다.

예를 들어 '유기농 채소, 신선하고 건강한 식재료'라고 이야기할 때 사람들은 어떤 이미지를 떠올릴까? 밀짚모자를 쓴 농부가 흙이 묻은 채소 더미를 들고 웃는 모습? 마켓컬리는 이런 흔한 이미지에서 벗어나 자신만의 스타일과 이미지를 이야기하려고 했다. 처음부터 백화점이나 대형마트와는 차별화된 비주얼로 승부해야 한다고 생각했기 때문이다.

제품 사진은 회사 건물에 있는 전용 스튜디오에서 푸드 스타일리스트와 전문 사진작가가 함께 찍는다. 초창기에는 식재료와 요리 사진을 전문적으로 다루는 곳이 없어서 국내외 수많은 잡지를 뒤지며 레퍼런스를 찾았고, 어떻게 하면 시각적으로 가장 효과적인 결과물을 표현할 수 있을지 고민을 거듭했다고 한다. 또한 음식 사진은 단순히 '쨍하게' 찍는다고 해서 먹음직스러워 보이는 게 아니다. 마켓컬리는 제품 비주얼에서도 고정관념을 탈피하기 위해 인물 사진을 전문적으로 다루는 사진작가를 섭외했고, 상품이 가장 아름다워 보일 수 있는 특정 지점을 포착하기 위해 피사체를 완전히 새로운 관점에서 바라봤다.

이제는 관련 업계에서 하나의 기준이 된 마켓컬리의 비주얼 공식은 이러한 과정을 통해 탄생했다. 홈페이지에 공개되는 모든 상품은 이 같은 컬리 스타일에 따라 새롭게 해석된다. 혹여 공급사에서 상품 사진을 제공한다고 해도 무용지물이다.

마켓컬리는 마치 잡지를 넘기듯 고객들에게 쇼핑을 제안한다. 상품 하나에 치중하기보다는 음식과 스타일링을 효과적으로 접목해 그들

━━━ 온라인 마켓에서는 고객이 직접 눈으로 보고 고를 수 없기에 정확한 정보를 전달하는 게 필수다. 초기에는 상품의 크기를 스마트폰과 비교해 보여줬으나, 스마트폰 크기가 점차 다양화되면서 보다 직관적으로 보여줄 수 있는 일정한 크기의 맥주 캔으로 기준을 변경해가고 있다.

2018년 연말에 제안한 상차림. 마켓컬리는
시즌에 맞는 다양한 상차림도 함께 제안한다.

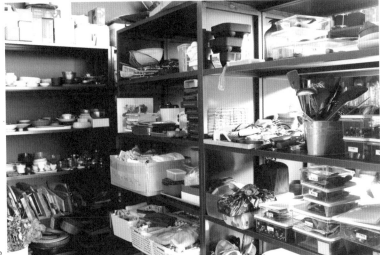

1   마켓컬리 푸드 스타일리스트가 일하는 방식. 소품 하나로 사진의 분위기가 달라지므로 다양한
     시도를 하며 찍는다.
2   마켓컬리의 보물창고. 세계 각국에서 물 건너온 다양한 소품이 스튜디오 한쪽에 모여 있다.

나름의 분위기를 제안하는 데 고심한다. '장 보는 일'이라는 게 지극히 일상적인 행위이지만 마켓컬리에서만큼은 '구경하는 재미'를 느낄 수 있기를 바랐던 것이다.

———

"아이를 재우고 마켓컬리에 들어와 장 보는 일이 하루의 유일한 낙이 되었습니다. 마켓컬리를 구경하고 있으면 그냥 기분이 좋아지더라고요."

마켓컬리가 지향하는 비주얼이 고객에게 통했다는 게 입증된 후기다. 바비큐 사진을 찍을 때면 사과나무 장작과 함께 연출하기도 하고, 푸드 스타일링 담당자를 영국의 벼룩시장으로 보내 다양한 소품을 공수해오기도 한다. 누군가는 "사진 한 장 예쁘게 찍자고 뭘 그렇게까지 하느냐"라고 말하지만 엄밀히 말해 '예쁜 사진을 찍는 것'은 그들의 목적이 아니다. 이어지는 대담에서 더 자세히 다루겠지만 마켓컬리의 사진에는 '나도 이렇게 하고 싶다'는 스토리가 가장 효과적으로 담겨 있다. 최적화된 하나의 결과물을 위해 많은 담당자가 의견을 모아 디테일에 집착하고, 이렇게 만들어진 컬리 스타일이 누군가의 일상에서 새로운 라이프스타일을 창조하는 셈이다.

그렇다면 어떻게 해야 콘텐츠에서든 비주얼에서든 '자신만의 스타일'을 견지할 수 있을까? 단지 유능한 카피라이터나 포토그래퍼를 영입하면 해결되는 문제일까? 핵심은 '고객의 언어'와 '고객의 시각'을 맞춰내는 일이다. 업을 불문하고 상품을 제조하고 기획하며 제안하는 입장에서는 고객에게 자랑하고 싶은 요소가 무척 많아 고민에 빠질 것이다. 하지만 그러한 요소들이 지나치게 기술적이면 고객의 마음에 전혀 가닿지 않는다. 결국 콘텐츠 기획은 내 상품의 장점을 찾는 작업이 아니다. 상품의 효용을 고객의 입장에서 찾아 강조해주는 일이라는 걸 놓치지 말아야 한다.

고객 마케팅:
'내일의 장보기'를 말하다

상품 선정과 콘텐츠·비주얼 기획을 거쳐 홈페이지에 상품을 올리고 나면 그다음 과정은 이것을 고객에게 알리고 구매를 유도하는 일이다. 즉, 마케팅의 영역에 돌입한다.

"마케팅은 나중 일이고 일단 생산자와 물류에 집중하자."

처음 서비스를 시작할 때 마켓컬리는 마케팅에 큰 관심을 두지 않았다. 좋은 상품을 확보하고 서비스하는 것 자체가 유통에서는 가장 강력한 마케팅이라고 믿었기 때문이다. 한편으로는 '좋은 상품은 알아볼 것이다'라는 자존심도 있었을 것이다. 특히 이런 현상은 많은 스타트업, 특히 기술주도형 스타트업에서 자주 관찰된다. 하지만 고객이 알아야 상품에도 존재의 의미가 생긴다. 고객이 좋아하지 못하는 상품이나 기술은 존재하지 않는 것과도 같은 셈이다. 그래서 개인적으로 스타트업 창업자들을 만나면 반드시 여유 자금을 남겨 자신을 알리는 데 힘쓰라고 조언한다.

물론 좋은 상품과 서비스가 우선이라는 점은 분명하다. 궁극적으로는 '상품과 서비스가 어떤가?'로 성패가 결정되기 때문이다. 그렇기에 반짝 마케팅으로 고객을 불러 모은다고 해도 상품이 좋지 않거나 서비스가 별로라면 빠르게 고객이 이달할 것이다. 즉, 마케팅의 역할은 제한적이다. 그럼에도 불구하고 고객의 인식과 태도를 만들어가는 작업에는 별도의 크나큰 노력이 필요하다는 사실을 상쇄하지는 못한다.

마케팅은 고객에게 자사의 상품과 브랜드를 알리고 좋은 태도를 형성해나가는 일련의 활동이다. 기업의 모든 업무 영역 중에서 고객을 가장 잘 이해해야 하는 활동이기도 하다. 마케팅은 고객 지향의 정수이자 꽃이기 때문에, 마켓컬리의 고객 지향성을 논의하기 위해서도 가장 주목할 만한 부분이기도 하다.

100원 딜과 퍼플 아워

마켓컬리가 알려지기 시작한 데는 초창기 고객들의 좋은 평가가 무엇보다 큰 힘이 되었다. 한우·커피·식빵 등으로 유명한 인기 브랜드가 하나둘 입점하면서 사람들에게 알려지기 시작했고, 그렇게 서비스를 이용하다가 정착한 고객들이 자발적으로 나서서 블로그나 SNS에 추천하는 글을 올렸다. 사실 이는 SNS 시대에 새로운 마케팅 패러다임이다. 엄청난 물량의 매스미디어 광고보다 동료 소비자들의 진정성 있는 바이럴 메시지가 더 큰 효과를 발휘하는 시대가 된 것이다. 이른바 '마케팅 하지 않은 마케팅'의 역할이 중요해졌다.

지금도 개인 블로그나 SNS에는 마켓컬리 이용 후기를 올려주는 고객이 많다. 네이버에서 '마켓컬리'를 검색하면 10만 건이 넘는 블로그 포스팅이 있고, 인스타그램에서 마켓컬리와 관련한 다양한 해시태그 (#마켓컬리추천상품·#마켓컬리장바구니·#마켓컬리레시피·#마켓컬리에서·#마켓컬리샛별배송·#마켓컬리성애자·#마켓컬리중독)를 검색하면 17만여 건의 글을 볼 수 있다. 이런 글이 마켓컬리를 홍보해주기도 하지만 앞서 이야기했듯이 운영에도 많은 인사이트를 준다. 마켓컬리를 어떻게 느꼈는지, 어떤 점이 좋았고 또 어떤 점이 아쉬웠는지 등 고객들이 원하는 것에 대해 생각해보는 또 하나의 VOC가 되기 때문이다.

마케터의 가장 큰 고민은 '무엇이 정말로 고객이 원하는 것인가?'이다. 마켓컬리는 초기에 '할인은 하지 않는다'는 원칙을 갖고 있었다. '할인을 해야 판매가 된다면 이를 좋은 상품이라고 할 수 있을까?'라고 생각했기 때문이다. 하지만 이내 또다시 새로운 질문에 부딪혔다.

'할인한 제품의 품질을 고객이 의심한다고 어떻게 확신할 수 있을까?'

'한 번쯤 사고 싶은데 가격이 비싸서 포기했던 상품도 있지 않을까?'

'가격 저항성을 낮춰서 상품을 한번 경험하게 하는 것도 의미 있는 일이 아닐까?'

고객 설문을 통해 알아본 결과, 고객이 마켓컬리에 '록인Lock-in'(소비자가 다른 제품이나 서비스로 전환하지 않고 해당 제품이나 서비스에 계속 머무르게 되는 현상)하는 시점은 첫 주문을 한 후 새벽에 배송된 상자를 문

1

2

1   마켓컬리 고객들에게 첫 구매를 가장 강력하게 이끌어내는 요소인 100원·1000원 딜. '첫 주문 이후 배송 상자를 받는 순간'이 마켓컬리에 록인되는 시점임을 알았기에, 이들은 가격을 최소로 낮춰 더 많은 사람이 마켓컬리를 경험할 수 있도록 했다.

2   비정기적으로 이뤄지는 퍼플 아워 프로모션. 이날만큼은 누구나 퍼플 회원처럼 적립 혜택을 누릴 수 있다.

앞에서 확인하는 순간이라고 한다. 이를 '아하 포인트Aha Point'라고도 한다. 가격 부담 때문에 고객이 주문을 망설인다면 애초에 아하 포인트를 체험해볼 수 없을 것이기에 가격 허들을 낮추는 프로모션이 필요하다는 결론에 이르렀다.

그렇게 시도한 것이 '100원 딜'과 '1000원 딜'이다. 첫 구매 고객에게 100원 또는 1000원에 특정 상품을 살 기회를 주고 1만 원 이상의 무료배송 서비스를 함께 제공하는 이벤트다. 최대한 많은 사람이 바로 그 '아하 포인트의 순간'을 경험하고 마켓컬리의 고객으로 남을 수 있게 한 제도다. 해당 이벤트의 반응은 가히 폭발적이었다. 상상을 뛰어넘을 정도로 당일 매출이 급증하는 것을 보면서 고객들이 가격적인 혜택을 필요로 한다는 걸 절감할 수 있었다고 한다.

이 밖에도 '퍼플 아워'라는 정기 행사를 통해 단계별 회원 등급 제도인 '컬리 러버스'를 알리고, 이벤트 당일에는 자신보다 더 높은 등급의 혜택을 누릴 수 있게 하고 있다. 즉, 퍼플 아워가 진행되는 날에는 일반 회원(전월 결제 15만 원 미만)이나 프렌즈 회원(전월 결제 15만 원 이상)에게도 퍼플 회원(전월 결제 100만 원 이상)이 누리는 7퍼센트 적립 혜택 등을 제공하는 것이다. 더불어 다양한 콘셉트의 기획전을 열어 지금 이 시점에 고객들이 원하는 상품을 제안하고 있다. 상품의 가짓수가 점점 늘어나면서 고객들이 인지하지 못한 좋은 상품을 한 번이라도 더 접하게 하기 위해서다. 이렇듯 결국 마케팅의 관점도 항상 고객의 관점이어야 한다. '우리가 하기 좋은 방식'이 아니라 '고객이 이용하기 좋은 방식'이 되어야 하는 것이다.

TV 광고

입소문이 중요한 시대이기는 하지만 불특정 다수의 고객에게 브랜드를 인식시키려면 대중매체를 활용한 광고, 특히 TV 광고가 필요하다. 마켓컬리가 급속한 성장을 이뤘다고는 하지만 첫 광고를 제작할 때만 해도 대중적인 인지도는 그리 높은 편이 아니었다. 당시 서울·경기 지역의 30~40대 여성을 대상으로 인지도 조사를 했을 때 '마켓컬리를 알고 있다'고 답한 비율은 30~40퍼센트에 불과했다. 이때 마켓컬리는 첫 광고를 지나치게 파격적으로 만들지 않았다. '내일의 장보기'라는 슬로건을 통해 차분하게 자신의 장점을 소개하는 데 중점을 두었다. 오늘 주문하면 내일 새벽에 받을 수 있는, 즉 있는 그대로 '당신의 내일을 위한 장보기가 될 수 있다'는 약속을 대중에게 전하고자 했던 것이다. 첫 광고를 통해 마켓컬리는 인지도 상승이라는 목표를 어느 정도 달성했다. 2018년 9월 중순부터 캠페인을 시작해 점점 효과가 나타나기 시작하면서 10월 방문자 수가 전월 대비 약 20퍼센트 상승한 역사상 최고 수치를 기록한 것이다. 물론 일 가입자 수의 수준도 한 단계 상승했다.

아마도 거의 모든 사람이 전지현 씨가 등장하는 광고를 더 많이 기억할 것이다. 2019년 1월 '전지현 편' TV 광고가 전파를 탄 이후에는 홈페이지 트래픽 10배 상승, 월 매출 전년 대비 300퍼센트 상승이라는 놀라운 성적표를 얻었다. 예상을 뛰어넘은 부하를 감당하기 위해 개발팀·물류팀에선 모두 양적으로, 그리고 질적으로 시스템 개선을 서둘러야 하는 비상 상황까지 겪었다고 한다.

2019년까지 마켓컬리가 진행한 네 차례의 TV 광고. 이 광고들은 마켓컬리의 인지도 확산에 혁혁한 공을 세웠다.

물론 전지현 씨가 훌륭한 배우이자 매력 있는 모델이기도 하지만 무조건 유명하고 예쁜 배우를 기용한다고 해서 이처럼 매출이 폭발적으로 증가하기는 어렵다. 이는 곧 모델 선정부터 매우 고객 지향적으로 고민한 결과였다. 마켓컬리는 자신의 고객 페르소나와 일치하는 모델을 찾았다. 이들의 페르소나는 자신의 밭을 가꿀 정도로 먹는 것에 깐깐하고, 30~40대 일하는 여성으로 가족들에게 좋은 걸 먹이고 싶어 하는 워킹맘이었다. 이 페르소나를 대표할 만한 여러 여성 연예인을 찾았지만 전지현 씨가 거의 단일 후보에 가까울 만큼 해당 조건에 부합했다고 한다. 마침 전지현 씨도 마켓컬리를 애용하는 고객이어서 흔쾌히 모델에 응해주었고 그 결과 우리가 지금 보고 있는 그 광고가 만들어졌다.

마켓컬리의 이러한 고객상, 즉 페르소나의 설정은 트렌드 변화 측면에서도 매우 적절했다고 판단한다. 『트렌드 코리아 2019』에서는 새로운 가족 규범, 특히 새로운 주부상의 도래를 이야기했다. 이른바 '밀레니얼 가족'의 출현이다. 밀레니얼 주부들은 더 이상 육아·요리·청소 등 가사를 우선시하기보다는 자신의 성장과 가족의 새로운 관계 모색에 나서고 있다. 이러한 가치관이 주방에서도 그대로 드러나면서 책은 구체적으로 이렇게 적고 있다.

요리를 위한 모든 준비가 끝난 식재료에 데우거나 끓이는 등 간단한 조리만 하면 되는 RTC^Ready to Cook 시장은 HMR 시장 중에서도 가장 급진적인 변화

가 일어나고 있는 영역이다. 대표적인 사례가 재료 손질이 모두 다 되어 있는 밀키트를 배송해주는 서비스다. 전날 밤에 주문하면 몇 시간 후 새벽에 주문한 음식을 배송해주는 '마켓컬리', '헬로네이처' 등의 새벽 배송도 밀레니얼 가족의 식탁을 바꾸고 있다.

- 『트렌드 코리아 2019』, 밀레니얼 가족, p.387

이처럼 트렌드에 적절히 대응하는 고객 페르소나와 그에 부합하는 모델을 활용한 마켓컬리의 매스미디어 광고는 큰 성공을 거뒀다. 2020년 1월 서울·경기 지역 30~40대 여성을 대상으로 한 설문조사에서 마켓컬리의 인지도는 94퍼센트로 나타났다. 이는 현시대가 소셜미디어 시대이기는 하지만 매스 마케팅이 필요한 순간은 여전히 존재한다는 사실을 잘 보여준다.

과거 신문·잡지·라디오·TV의 4대 매체가 유일한 사회적 커뮤니케이션 수단이던 시점에는 ATL Above The Line 매체를 통한 매스 마케팅이 절대적으로 중요했다. 하지만 정보 소통의 주체가 개인이 된 소셜미디어 시대에는 4대 매체 이외의 매체를 활용한 BTL Below The Line 마케팅으로 중점이 옮겨가고 있다. 심지어 'ATL의 죽음'을 이야기하는 사람도 있지만, 이제는 'ATL이냐 BTL이냐' 양자택일보다는 어떤 시점에 어떤 타깃을 대상으로 광고를 할 것인지에 따라 매체를 전략적으로 선택해야 하는 '포트폴리오' 개념으로 받아들여야 하겠다. 그런 의미에서 마켓컬리의 매스 마케팅은 적절한 시점을 포착했다고 평가할 수 있다.

데이터농장:
최선의 의사결정을 위한 베이스

서두에서 성장하는 스타트업에는 구조와 체계로 운영 프로세스가 바뀌어야 하는 '질적 도약의 순간'이 있다고 언급했다. 의사결정도 마찬가지다. 초기 주문량이 많지 않을 때는 감(感)이나 통찰에 의존해도 큰 문제가 없었다. 하지만 담당자가 주문량을 일일이 인지할 수 없는 양이 되면 그때부터는 직감이 아닌 시스템에 맡겨야 한다. 의사결정을 위한 운영 프로세스는 기술, 특히 데이터 과학을 따르는 것이 최선이자 유일한 대안이어서다.

신선식품 유통업에서는 이 문제가 더욱 절실하다. 특히 마켓컬리는 소비자와 공급사를 단순히 연결해주는 오픈마켓이 아니다. 공급사로부터 직접 상품을 구매해 와 판매하는 '매입과 재고 책임 관리 시스템'

으로 운영되기 때문에 재고 부담이라는 리스크가 상존한다. 이 리스크를 최소화하려면 팔 수 있는 만큼의 상품만 사와야 한다. 너무 적게 사오면 품절 사태가 발생해 고객의 불만이 생길 수 있고, 너무 많이 사오면 재고가 남아 손해가 커질 수 있다.

그렇다면 어떻게 매일 필요한 만큼의 수요를 정확히 예측할 수 있을까? 최근 급성장하는 데이터 분석 과학에서 힌트를 얻을 수 있다.

'주문 발주를 얼마나 넣을 것인가?'

'어떤 콘텐츠가 좋은 반응을 얻어 구매 전환으로 이어질 것인가?'

'입고와 재고 관리는 어떻게 해야 효율성을 높일 수 있을까?'

'복잡한 주문 상품을 어떻게 효율적으로 포장할 것인가?'

'타 상품 대비 높은 CS 비용은 어떻게 관리할 것인가?'

이런 질문에 답을 구하기 위해서는 데이터가 핵심이다. 고객들의 구매 데이터와 오늘의 날씨 데이터 등 여러 변수가 될 만한 데이터를 토대로 수요 예측을 할 수 있기 때문이다. 지금은 데이터가 많이 쌓여 마켓컬리 안에서도 그 예측이 비교적 수월해졌지만, 데이터가 없던 초기에는 우여곡절도 많았다고 한다. 정말 고전적인 방법도 동원했다. 직원 한 명은 농장에 나가 있고, 한 명은 컴퓨터로 주문 현황을 보면서 전화로 채소를 얼마나 더 따야 하는지 알려줬던 것이다.

그렇게 하나하나 데이터를 직접 쌓고 보니 창업하고 1년쯤 지난 시점부터 유의미한 분석이 가능해지기 시작했다. 그렇게 데이터만 전문으로 분석하는 팀이 생겨서 데이터와 관련한 중요 프로젝트를 진행하고 있다. 이들의 이름은 '데이터농장팀'이다. 이들은 고객이 어떤 경로로 들어와 주문을 하는지부터 수요 예측과 판매 예측, 주문 처리와 배송 과정 관리 및 VOC 분석까지 전체적인 데이터의 흐름을 관리해 유의미한 인사이트를 도출하는 역할을 맡고 있다. 어찌 보면 마켓컬리에 숨어 있는 핵심 부서로서 조직을 원활하게 움직이게 하는 '신경계'와 같다고 볼 수 있다.

마켓컬리가 이 부서를 '빅데이터팀' 또는 '데이터분석팀'이라고 하지 않고 '데이터농장팀'이라고 부르는 데는 그 나름의 역사가 있다. 농부의 마음을 담아 식문화를 바꿔보자고 했던 마켓컬리의 시작처럼, 데이터 역시 잘 심고 가꿔 이를 필요로 하는 팀에 '좋은 열매'(유의미한 데이터·건강한 데이터)로 보답하는 역할을 기대했기 때문이다. 겉으로 볼 때 데이터를 다루는 일은 첨단적이고 멋있어 보일 수도 있으나 사실은 밑에서 발을 굴러야 하는 정직한 노동이다. 그렇게 데이터를 소중히 여기는 마음에서 출발한 데이터농장팀은 초창기 MD팀과 물류팀 등 회사 내부의 팀들을 돌아다니며 정말이지 수확하는 농부의 마음으로 데이터를 하나하나 수집했다고 한다.

그들이 개발한 대표적인 시스템이 '데이터 물어다 주는 멍멍이'이다(줄여서 '데멍이'라고 부른다). 일종의 알람 시스템인데, 누군가에게 필요한 데이터를 적시에 알려줄 수 있도록 고안되었다. 본질적으로 데이터는 그것이 유효한 시점에 제대로 잘 전달될 때 가치를 발한다. 누구나 대시보드 안에서 원하는 데이터를 찾을 수는 있어도 모두가 매시간 이를 들여다보고 있을 수만은 없듯이, 각자의 업무에 집중하면서도 필요한 시점에 문제를 발견하고 해결하려면 이 데멍이가 필요하다.

유아동   수산   반찬/간편식

[부록] Sangrae's special

상품 후기로 알아보는 컬리의 Keywords

매년 연초/연말이 되면, 많은 언론과 매체에서 올 한 해의 어떤 일이 있었는지 키워드로써 정리를 하곤 하는데요. 여러분들의 올해 키워드는 무엇이었나요? 개인적으로는 "사옥 이사로 인한 출퇴근 시간 감소"가 있었던 것 같네요.

그렇다면, 올해 컬리 고객들의 컬리를 향한 키워드는 어떠한 것들이 있었을까요? 올해 컬리의 고객들은 어떤 말을 하고 싶었는지 "상품 후기"를 중심으로 알아보도록 하겠습니다.

2018년 컬리 상품 후기 (전체) word cloud. 단어의 양 수록 많이 고객들이 이야기한 키워드 예요.

데이터농장팀이 사내에 공유해주는 '데농 매거진'. 데이터를 다각도로 해석하여 직원들이 데이터에 쉽게 접근할 수 있도록 도와준다.

데이터 물어다주는 멍멍이 (at 데농) ○ APP
datafarm_bot
우린 답을 찾을 것이다 늘 그랬듯이 - 인터스텔라(2014)

This is the very beginning of your direct message history with @datafarm_bot

How does datafarm_bot work?

피드백 기다리는 야옹이 (at 데농) ○ APP
피드백 기다리는 야옹이 (at 데농)
피옹이를 위해 피드백을 주세요

This is the very beginning of your direct message history with @피드백 기다리는 야옹이 (at 데농)

How does 피드백 기다리는 야옹이 (at 데농) work?

———— 데이터를 취합하고 공유하기 위해 만들어진 슬랙 봇[Bot]. 친근한 네이밍을 통해 임직원들이 데이터에 쉽게 접근할 수 있도록 했다.

데멍이를 비롯한 각종 알람 봇들은 30분 단위로 매출 알람·프로모션 알람·재고 알람·서치로그(검색량·검색 키워드) 알람·주문 수량 알람 등 다양한 데이터를 물어다 주고 있다. 특히 재고 알람은 실시간으로 재고 수량을 알려줘 그에 따른 문제 해결을 더욱 수월하게 한다. 가령 재고가 예상보다 많이 남은 날에는 할인 프로모션을 결정할 수 있다. 할인율은 상황에 따라 담당자의 재량으로 설정할 수 있지만, 여기서 나아가 '이런 상황에서는 이런 할인율이 적합하다'는 의견까지도 데멍이가 보내준다. 할인율과 관련한 축적된 데이터가 있기에 가능한 일이다.

이 밖에도 '피드백 기다리는 야옹이'(데이터를 수거하는 역할), '예측하는 무당이'(물류 생산성과 부하를 예측하는 역할) 등 직원들이 데이터를 활용해 다양한 문제 해결과 의사결정을 할 수 있는 시스템이 고안되고 있다. 물론 데이터가 만능이 될 수는 없다. 데이터가 예측은 해줄지언정 예언을 해주는 것은 아니기 때문이다. 그래서 데이터를 활용하는

데도 역시 '본질은 무엇인가?'를 묻는 것이 중요하다. 기술적인 부분이나 분석 자체에 의미를 두기보다는 '어떤 데이터를 왜, 어디에다가 쓸 것인가?'를 고민하는 것이 더 중요하다는 얘기다.

분석은 과정일 뿐 목적이 아니다. '문제'에는 '해결'이 필요하듯, 회사마다 데이터를 분석하는 데서 데이터팀의 역할이 그쳐서는 안 된다. 또한 특정 전문가 일부에게만 데이터 분석을 맡기면 해당 전문가의 분석에만 의존하게 돼 거기에 종속될 수밖에 없다. 마켓컬리는 누구에게나 자신만의 관점으로 각자가 필요한 생각을 할 수 있도록 데이터가 열려 있다. 데이터농장팀은 무엇보다 바로 이 개방성에 주안점을 둔 팀이다. 마켓컬리의 모든 직원은 대시보드에서 판매 예측 정보와 실시간 판매 현황 등 각종 수치를 수시로 점검하고, 평소와 다른 패턴이나 숫자가 발견되면 그 이유를 스스로 묻고 따질 수 있다. 이를테면 마케팅팀이 매출·가입자 수·첫 구매 고객 수 등을 파악하고 있다가 당일 신규 고객의 구매 전환율이 미흡하다는 생각이 들면 그에 맞는 마케팅 플랜을 짜서 바로 실행해보는 식이다. 가장 최선의 의사결정을 도와주는 일, 그게 바로 데이터농장의 존재 이유다.

시스템 개발:
매일 하루치의 혁신

데이터를 기반으로 의사결정을 내리는 '신경계'가 데이터농장팀이라면, 개발팀은 마켓컬리의 시스템 전반을 끌고 가는 '척추' 같은 곳이다. 고객 경험의 관점에서 구매-재고-주문-배송-CS에 이르는 운영 전반의 시스템을 개발하고 개선해가는 것이 개발팀의 업무다.

아무런 기술 기반이 없는 상태에서 하나씩 시도해가며 적용시켜온 것이 많다 보니, 마켓컬리에는 회사가 커질수록 운영 프로세스나 시스템상의 문제가 계속해서 불거졌다. 1일 주문량이 5000건 정도일 때는 주문 처리 시스템도 큰 문제 없이 돌아갔지만, 1만 건을 넘기 시작하자 주문 내역을 다운로드받는 속도가 더뎌지는 현상이 발생한 것이다. 심지어는 직원들에게서 버그 제보를 받는 일도 예사였다.

"지금 재고 수량이 뭔가 이상한데요?"

"여기 정보 확인이 안 돼요."

"주문 처리가 아직 안 넘어간 건가요?"

'이거 안 된대요', '여기서 문제가 생겼어요' 하며 소리치는 상황이 빈번했고, 그 해결책을 찾아 고군분투하는 날들이 이어졌다. 주문서 기능 하나를 수정하려고 다섯 가지 이상의 시스템을 수정한 적도 있었다. 시스템의 A부터 Z까지 모두 살피며 개선하는 데만도 1년여가 걸렸다. 무엇보다 운영에 차질이 생기지 않도록 문제를 해결해야 하는 과제는 24시간 동안 항상 존재한다. 어떤 상황이 와도 '새벽 배송은 정상적으로 이뤄져야 한다'가 최우선 순위였기에, 모든 일은 '언제까지 이 문제를 해결해야 주문 이행에 문제가 없다'는 기준으로 이뤄졌다.

주문 건수가 늘어나면서 가장 크게 생긴 문제는 홈페이지에서 이뤄진 주문 내역이 실제로 물류센터에 전달되는 데 시간이 지체된다는 점이었다. 주문 처리 데이터는 하루에 총 열네 차례 나눠서 전달된다. 문제는 거의 막바지인 밤 10시부터 11시까지 주문량이 가장 몰린다는 것이다. 촌각을 다툴 수밖에 없는 그 시간에 주문 전달이 지연되면 물류 현장에서는 발을 동동 구르며 주문 내역을 기다려야 하는 상황이 벌어진다. 개발팀에서도 인프라를 새로 개발하고 구축하는 중장기 계획을 세우고 있었지만, 무엇보다 단기적인 처방이 시급했다.

당장 해결이 시급한 부분부터 개선하는 쪽으로 방향을 바꿨다. 주문 처리 프로세스부터 개선하기 시작한 것이다. 앞에서 '척추'에 비유하기도 했지만 이 프로세스는 건드리기 쉬운 작업이 아니다. 일주일

1   마켓컬리는 몹 프로그래밍Mob Programming(한 명의 드라이버와 여러 명의 프로그래머가 하나의 PC로 코딩 또는 문서화 작업을 진행하는 개발 방식) 등 다양한 개발 방식을 시도하고 있다.

2   마켓컬리 개발자들의 생생한 노하우는 마켓컬리 기술 블로그(helloworld.kurly.com)를 통해 공유되고 있다.

정도 내부 테스트를 하며 시간 단축 효과를 낼 수 있는 업데이트를 실험하고 최대한 빨리 현장에 적용시켰다. 밤 10시가 되면 주문 데이터만 바라보며 애태웠는데, 완성도가 다소 미흡했어도 '확인' 버튼을 누르자마자 곧바로 '완료' 창이 뜨는 걸 보면서 모두가 환호했다고 한다. 이후로는 이전 대비 5배 이상 처리 속도가 향상되면서 생산성을 월등히 개선할 수 있었다.

개발팀 내부에서는 작은 개선 정도로 생각했던 일이 운영상에서는 큰 효과를 나타낼 수 있다는 걸 경험한 순간이었다. 더불어 이 사례를 통해 모든 문제를 기술적인 완성도 측면에서 접근하는 게 정답은 아니라는 걸 깨달았다고 한다. 혁신의 중심이 꼭 전면적인 개편일 필요는 없으며, 매일 한 단계 나아가고 있다는 사실이 중요한 것이다.

지금 이 순간에도 마켓컬리의 가입자 수는 급속도로 증가하고 있고, 상품 품목 역시 빠르게 확대되고 있다. 이제는 한 차원 다른 확장성을 고려한 인프라 구축의 과제를 안고 있는 셈이다. 바로 위에서 언급한 대증적인 대응이 아닌 진짜 근본적으로 폭증하는 수요에 대응할 수 있는 시스템이 필요한 시점이다. 프랑스 파리에서 다소 떨어진 부도심의 이름을 따 마켓컬리가 '라데팡스 프로젝트'라 부르는 이 프로젝트는 수도를 이전하는 마음으로 새로운 플랫폼을 마련하겠다는 의미다.

그렇다고 해서 서비스를 얼마간 중단하고 새로운 시스템으로 업그레이드할 수는 없다. 핵심은 현재 쓰고 있는 노후화된 플랫폼을 탈피해 앞으로의 마켓컬리에 최적화된 플랫폼 시스템을 구축하면서도, 고객은 그 변화를 전혀 느끼지 못해야 한다는 것이다. 마켓컬리는 이를

'달리는 자동차의 바퀴를 갈아 끼우는 과정'에 비유한다. 고객 편의를 증진하는 작업이 고객에게 느껴져서는 안 된다는 점이 역설적이기는 하지만, 이를 위해 각각의 기능을 순차적으로 이전하고 있다. 향후 10년간 비즈니스의 수요를 견딜 수 있는 기술 수준을 만들기 위해 지금도 시스템에 대한 큰 투자와 혁신을 쉬지 않고 있는 셈이다.

작은 맺음말

비즈니스의 성공을 이야기할 때 빠지지 않고 등장하는 주제가 '혁신'이다. 스타트업은 특히 더 그렇다. 혁신적인 아이디어로 회사를 세우고, 혁신적인 기술로 기하급수적인 성장을 만들어내는 스타트업에 주목하며 '혁신의 비결'을 분석하기도 한다. 나아가서는 이전의 패러다임에서 완전히 단절된 '파괴적 혁신Disruptive Innovation'이라는 개념도 크게 유행한 적이 있다.

마켓컬리는 스타트업이지만, 엄청나게 혁신적인 아이디어로 회사를 세운 곳이 아니다. 또한 대단히 획기적인 기술로 하루아침에 성공한 회사도 아니다. 물론 마켓컬리에 혁신이 없었다는 말은 아니다. 개념이 달랐을 뿐이다. 마켓컬리의 혁신이란, 거창한 무언가가 아니라 아주 기본적인 것을 지속적으로 개선해나가는 과정이었다. 고객 지향이라는 하나의 목표를 향해 매일 발생하는 크고 작은 문제를 해결하고 개선해가는 것, 오늘 하루만이라도 어제보다 더 성장하는 것, 마켓컬리의 혁신은 그런 것이었다. 요컨대 마켓컬리를 설명하는 혁신은 '커다란 한 방'이 아니라 '작은 개선들의 집합'이다.

그들에게 혁신이란 매일의 디테일한 개선에서 나온 것이며, 그것이 쌓여 큰 변화를 만들어왔다. 마켓컬리가 생각하는 리테일Retail(소매)은 디테일이다. 대표를 비롯한 모든 직원이 고객의 후기를 하나하나 확인하는 것도, 공지사항에 들어갈 문구 하나까지 일일이 신경 쓰는 것도, 0.1퍼센트의 배송 오류를 그냥 지나치지 못하는 것도 모두 '하루치의 혁신'이라고 말할 수 있다.

김난도 × 김슬아 대담

Column 이번 파트가 이 책의 핵심이다. '마켓컬리는 어떻게 움직이는가?'라는 주제로
내부적인 운영 프로세스에 대한 질문을 했다. 좋은 상품을 선정하기 위한 상품위
원회부터 선정된 상품의 콘텐츠와 비주얼 관리, 인사이트 도출을 위한 데이터 운
영, 상시적인 AB테스트, '회고'를 통한 조직 내 학습 역량 강화, 전지현 편 광고 이
전과 이후의 마케팅 변화까지 비단 유통업이 아니더라도 벤치마킹할 혜안이 가
득하다.

이번 대담에서 내가 밑줄을 꾹꾹 눌러 그었던 '어제의 최적화가 오늘의 비효율이
되곤 한다'는 그 문장의 울림을 독자 여러분도 함께 느끼면 좋겠다.

김난도 개개인의 열정이 지닌 합보다 하나의 체계화된 시스템을 만들고, 조
직의 학습 능력을 키워야 회사가 한 단계 성장한다고 할 수 있습니다.

이제 구체적으로 경영의 스테이지마다 마켓컬리가 어떻게 체계화된 운영 프로세스로 고객 지향성을 확보하는지 여쭤볼게요. 첫째는 역시 좋은 상품을 사오는 일일 겁니다. 여기에 대해서 들려주세요.

김슬아 저희는 좋은 상품이 유통의 근간이라고 믿는 사람들입니다. 철저히 검증하지 않으면 아무리 빠르게 배송한다고 한들 고객이 100퍼센트 만족하지 못할 거라고 생각해요. 마켓컬리를 통해 소개되는 상품 중에는 저희가 직접 먹어보거나 체험하지 않고 판매하는 상품은 하나도 없습니다. 저희처럼 모든 상품의 산지를 방문하고 생산자와 만난 후에 내부에서 토론하는 회사는 아마 국내외 온·오프라인을 통틀어 없을 거라고 말씀드릴 수 있습니다. 사실 이런 식으로 하나하나 검증하는 게 회사 입장에서는 아주 비효율적이지만, 그럼에도 불구하고 '우리조차 이 상품에 확신이 없으면 소비자는 대체 어떻게 믿고 구매할 수 있을까'를 늘 염두에 두고 있습니다.

저도 상품위원회를 참관했지만 SKU가 적은 사업 초창기가 아닌 이상 상품 하나하나에 몇 시간씩 할애하며 토론하기는 힘들 것 같아요. 요즘에는 어떤 기준에 포커스를 두고 검증하나요?

이전부터 데이터를 많이 확보해온 업체나 카테고리는 사전에 MD들이 기본적인 체크리스트를 채워서 들어옵니다. 감사팀이 종종 공급사로 실사를 나가기 때문에 해당 체크리스트의 신뢰도는 굳이 따지지 않는 것 같고요. 오히려 그런 상품들은 VOC 위주로 질문을 합니다. 이전에는 이런 이슈가 터졌는데 이번에도 비슷한 이슈가 생기면 어떻게 방어할지를 따지는 것이지요. 반면에 처음 거래하는 업체나 신규 카테고리 상품에 대해서는 여전히 질문이 많이 쏟아집니다. 여기에 MD가 제대로 대답하지 못하면 두 번이고 세 번이고 되돌아가는 경우가 많습니다. 최근에도 상품위원회에만 여덟 번째 올라온 제품이 있었습니다.

그 제품 하나를 두고 8주 동안 회의한 셈이네요?

8주 이상이 걸렸다고 볼 수 있습니다. 상품위원회에서 되돌아가면 MD가 다시 업체와 협의해 스펙을 바꿔오는 경우가 많거든요. 그런 스펙을 바꾸는 과정이 일주일 이상 소요됩니다.

사실 어떤 유통사든 MD의 역할이 가장 중요합니다. 대형마트나 홈쇼핑에서도 모두 자신들이 깐깐한 기준으로 상품을 고른다고 자부하고요. 특별히 어떤 점이 마켓컬리 상품위원회만의 차별점일까요?

저희는 한 번 하기로 결정한 기준은 좀처럼 바꾸지 않습니다. 모두가 납득할 만한 과학적 증거를 새로 찾아내지 않는 한 말이에요. 예를 들어 특정 성분이 들어간 상품은 팔지 않겠다는 기준을 세웠다면 시중에서 제일 잘 팔리는 상품일지라도 해당 성분이 빠질 때까지 입점을 허가하지 않습니다. 처음부터 지금까지 이런 원칙으로 운영해왔고 이제는 어물쩍 넘어갈 수 없을 만큼 보는 눈도 많아졌습니다.

가전제품은 스펙을 바꾸기가 사실 굉장히 어렵잖아요. 가격 이슈 말고는 더 살 필 수 있는 게 없을 것 같은데, 이 경우 마켓컬리와 얼마나 잘 어울리는 상품인지를 보는 건가요?

신규 카테고리라서도 그렇지만 가전이 상품위원회를 통과할 확률은 10퍼센트 남짓입니다. 가장 먼저 '이 가격에 살 수 있는 최고의 스펙인가?'를 질문해 소비자가 가장 먼저 고민할 지점을 파악합니다. 주머니에 20만 원이 있으면 이 돈으로 살 수 있는 최고의 스펙을 고를 것 같거든요. 가전뿐만이 아니라 거의 모든 신규 카테고리에서 MD들은 석 달 동안 상품 하나를 가져오지 못합니다. 예를 들어 기저귀라면 '좋은 기저귀란 무엇인가?' 하는 근본적인 질문에 대해 스스로 답을 내릴 정도로 공부가 돼 있어야 합니다. 그러려면 제조사도 자주 만나야 하고, 관련 학계 분도 많이 만나서 재질부터 소비 심리까지 여러 가지를 살펴야 합니다. 어떻게 보면 마켓컬리 MD는 해당 분야의 전문가가 되어야만 상품을 론칭할 수 있습니다.

정말 치열하네요. SKU가 늘면서 마켓컬리 안에서도 상품마다 차별화해야 한다는 이슈가 있을 것 같아요. 상품별 스토리텔링을 할 때 어떤 점에 가장 신경을 쓰나요?

기획 단계부터 중요한 지점인데요. MD들에게 "기존에 있던 상품과 같은 건 판매할 필요가 없다"라는 이야기를 자주 합니다. 물론 기존 상품보다 신상품이 더 낫다면 기존 상품을 과감히 빼야 한다고도요. 이걸 상품위원회에서 혹시나 놓치면 상세 페이지를 만드는 에디터나 콘텐츠 제작팀에서 바로 피드백이 들어옵니다. '예전에 썼던 상품이랑 하등 차이가 없는데 왜 통과시켰느냐'고요. 실제로 그렇게 빠진 상품도 있습니다. 상세 페이지를 쓸 때는 고객이 알고 사용해야 가치가 극대화되는 부분을 주로 강조하고자 합니다. 어떤 건 성분이 가장 중요하지만 또 어떤 건 생산자가 가장 중요한 포인트가 되기도 합니다. 되도록 원하는 정보를 바로 찾으실 수 있게 객관적인 팩트와 감성적인 스토리는 분류해 기재하고 있고요. 최근에는 '식감이 딱딱하니 아이들이 먹기에는 좋지 않습니다'는 식으로 약점도 가감 없이 드러내려 하고 있습니다.

저는 온라인 쇼핑몰에서 가장 중요한 게 비주얼이라고 생각해요. 마켓컬리의 비주얼 포트폴리오가 온라인 유통사의 기준이 되고 있다고 들었는데, 어떤 부분을 가장 신경 쓰고 있나요?

모든 상품이 눈으로 보는 것보다 사진으로 아름답게 표현되기가 어렵습니다. 저도 그게 너무 안타까워서 초창기부터 비주얼에 특히 신경을 썼습니다. 기억을 더듬어보면 캘리포니아 홀푸드 매장에서 본 파프리카와 바나나가 그렇게 아름다울 수가 없었어요. 결국 채소와 과일은 자연의 산물이니까 자연의 아름다움을 그대로 끌어내는 형태로 찍어야 한다고 생각했습니다. 저희가 푸드 업계에서는 아마 최초로 자연광을 시도했던 것 같고요. 비 오는 여름이나 해가 짧은 겨울에는 무척 비효율적이지만 그럼에도 유독 자연광을 고집했습니다. 물론 생산성을 높이기 위해 여러 차례 시도를 하면서 자연광 느낌을 주는 조명을 연출하게 되었습니다. 그래서 요즘 보여드리는 사진들은 100퍼센트 자연광은 아니고요, 조명의 도움을 받은 '자연광룩' 정도로 생각해주시면 좋을 것 같습니다. 상품 섬네일에 요리 컷을 활용한 것도 저희가 처음인 것 같아요. 저희는 고객이 고등어를 살 때 이 생물로 어떤 요리를 해 먹을지 즐거운 상상을 하시길 바랐습니다. 역시나 사진 한 컷에도 구매 포인트를 담을 수 있도록 MD와 사진작가, 스타일리스트가 모여 구성안 회의를 하고 있습니다.

이제 핵심이라고 할 수 있는 데이터농장팀 이야기를 해볼게요. 마켓컬리의 운영 프로세스 전반에 데이터가 굉장히 많은 관여를 하고 있는데, 모든 구성원에게 '데이터 싱킹Data Thinking' 역량을 장려하는 편인가요?

데이터는 결국 마켓컬리가 의사결정을 하는 핵심 기준입니다. 저를 포함한 리더들이 데이터가 없으면 결정을 내리지 않습니다. 그렇기에 모든 구성원에게 데이터 접근성을 높이고자 고안한 게 바로 데이터농장입니다. 모든 구성원이 매일 본인의 업무에서 데이터를 기반으로 보다 나은 결정을 할 수 있도록 도와주는 일이 데이터농장팀의 역할이라고 할 수 있습니다.

사실 어느 회사든 데이터가 많이 쌓이는 건 특별한 일이 아닐 겁니다. 문제는 거기서 어떤 관계성을 찾아내느냐 하는 것인데요. 이 때문에 '데이터 경영'이 제일 어렵다고도 이야기합니다. 한번은 제자가 백화점에서 속옷을 사는 사람과 '명품'을 사는 사람이 같다는 데이터를 보여주면서 그 이유를 묻더라고요. 저도 처음엔 조금 당황했습니다. 명품은 다른 이에게 보여주려고 사는 거고, 속옷은 그 반대잖아요. 그때 굉장히 중요한 결론을 하나 얻었습니다. 명품이란 '자기만족'이라는 게 굉장히 중요한 이슈라는 것을 말이지요. 많은 사람이 빅데이터나 인공지능과 같은 기술을 만능이라고 생각하지만, 정작 필요한 건 인사이트이고 무엇이 중요한지를 판단하는 일이잖아요. 누군가의 가설과 창의력 등의 역량은 어떻게 키우려고 하고 있나요?

저희 시니어 리더들에게 제가 가장 강조하는 부분 중 하나도

'Connecting the Dots'입니다. 여러 개의 점을 보면서 어디에서 깊이 들어갈지를 판단하는 능력이지요. 요즘 'T자형 인재'에 대해서도 이야기를 많이 하는데 평소에는 넓고 많은 것을 보다가 '아, 여기를 파고 들어야겠다' 혹은 '여기에 지금 문제가 있네' 하고 직관적으로 알아야 한다는 것입니다. 이 부분이 말씀하신 것처럼 AI는 할 수 없는 영역이라고 생각합니다. 예전에 컨설팅 회사에 다니면서 이러한 사실을 절실히 느낀 때가 있었습니다. 20년간 한 산업만 보신 시니어 파트너께서 이런 말씀을 하셨습니다. 특정 산업을 한 번만 본 사람은 모든 점이 있어야 공급곡선을 그려낼 수 있는데, 다섯 번 본 사람은 그 점의 5분의 1만 있어도 그린다는 거예요. 그런데 몇백 번씩 들여다본 사람은 백지상태에서도 공급곡선을 그려내지요. 저는 그게 인사이트라고 생각합니다. 저 역시 그런 사람이 되기 위해 열심히 노력하고 있고요.

AB테스트(일부 고객에게 다른 인터페이스를 보여주며 최적안을 선정하기 위해 시험하는 방법)도 많이 하나요?

네, 오히려 너무 많이 해서 의사결정이 느려지는 게 아닐까 싶을 정도입니다. 지속적으로 최적화를 시도하는 것만큼 저희의 비즈니스 모델을 잘 설명하는 것도 없는 것 같습니다. 온라인에서는 너무 많은 것이 한꺼번에 바뀌다 보니까 '어제의 최적화가 오늘의 비효율'이 되곤 하더라고요. 심지어 저희는 MD 영역에서도 AB테스트를 하고 있습니다. 시즌 과일은 특히 A 스펙과 B 스펙을 동시에 같은 가격으로 팔면서 고객 반응을 테스트합니다. 당장은 비용이지만 짧게는 다음 달부터 엄청난 성과로 돌아오는 경험도 많이 했습니다. 이제는 그런 테스트를 심화시켜서 데이터를 통해 특정 고객에게 상품을 추천하고, 알고리즘의 유용성을 계속해서 검증하며 진화시켜 나갈 단계라고 생각합니다.

저는 이 부분이 마켓컬리의 가장 큰 장점이자 성장 비결이라고 생각합니다. '리테일이 디테일이다'라는 표현도 썼지만 작은 부분부터 학습 역량과 가설 검증 역량이 탁월한 조직이라고 생각해요. '회복탄력성'이라고 하지요? 실수가 있었을 때 그 실수를 반복하지 않도록 이끌어주시나요?

저희는 '회고'를 굉장히 강조하는 조직입니다. 어떨 때는 너무 잘못만 고백하나 싶을 정도로요. 큰 행사나 프로모션이 끝나도 그렇지만, MD들은 딸기 시즌이 끝나면 딸기를, 참외 시즌이 끝나면 참외를 두고 회고해야 합니다. 유관 부서 전체를 모아놓고 당초의 예상은 이러했는데 현실은 어땠고 그걸 통해 어떤 부분을 배웠으니 내년에는 다르게 접근하겠다는 결론을 도출합니다. 그걸 들은 물류팀에서는 '아, MD가 원래 저런 계획을 세웠구나. 우리가 조금 다른 방식으로 서포트를 해줬어야 했는데 놓쳤네' 하고 생각해주세요. 창업이란 것도 마찬가지인 것 같습니다. 어떻게 보면 99.9퍼센트는 실패하는 결말로 갈 수 있기 때문에 결과보다는 과정에 대한 관리를 더 중요하게 여기도록 이끌고 있습니다.

끝으로 마케팅에 관한 이야기를 해볼게요. 지금은 전지현 씨가 나오는 광고 이야기를 많이들 하는데, 초창기만 해도 마케팅에 크게 신경을 쓰지 않았다고요?

마케팅의 본질이 '좋은 서비스를 어떻게 널리 알릴까?'라는 물음이라면, 저희는 일단 '좋은 서비스'에는 너무나 자신이 있었기 때문에 고객들이 알아서 소문을 내주시지 않을까 하고 생각했던 것 같습니다.

저희 제자가 그랬다면 무척 야단쳤을 거예요(웃음). 많은 스타트업이 그런 생각을 하다가 시장에서 알려지지 못하고 묻힌 경우가 많거든요.

저희는 의외로 너무 잘됐습니다. 당시에는 마케팅 채널에 쓸 돈을 '몰빵' 해서 고객들을 위한 혜택에 집중 투하하자는 생각을 했습니다. 그 혜택이 너무 좋아서 입소문이 나도록 말이에요. 저희가 '100원 마케팅'(첫 구매 고객에게 특정 상품을 100원에 판매하는 마케팅)의 원조입니다. 100원이 어떻게 보면 있어도 그만 없어도 그만인 돈이기에 '한번 속는 셈 치고 사볼까?'

시도하게 하는 데서 굉장히 좋은 매개체가 되었습니다. 실제로 100원짜리 상품이 퀄리티도 좋아서 초창기 바이럴 마케팅이 잘됐어요. 그러다가 지금의 마케팅 헤드를 모시면서 다양한 디지털 매체를 활용해 마케팅하기 시작했습니다.

디지털 마케팅을 시작한 후에 TV나 오프라인 영역으로 옮겨간 거군요?

맞습니다. 페이스북·인스타그램·네이버 광고를 시도하던 시점에 처음으로 유저 수가 50만 명을 돌파했습니다. 모든 회사가 그렇듯 저희도 50만 명을 넘어서서 100만 명으로 향해 갈 시점에 '대중에게 어느 정도 인지도를 갖춘 서비스로 나아갈 것인가?'를 고민했던 것 같습니다. 또한 각각의 서비스 영역이 어느 정도 최적화되면서 신규 유입한 유저들의 재구매율도 높게 유지되기 시작했습니다. 이맘때쯤 비용 규모가 큰 대규모 커뮤니케이션도 도전해볼 수 있겠다는 확신을 가졌습니다. 그렇게 TV 광고를 검토했고 처음에는 두 가지 방향 중 하나를 결정해야 했습니다. 신규 유저에게 파급력 있는 광고 소재를 택할 것인가, 기존 유저들을 행복하게 하는 광고 소재를 택할 것인가. 사실 후자의 경우는 스타를 등장시키지 않고 콘텐츠 위주로 마일드하게 노출되다 보니 광고 효과가 떨어질 수 있습니다. 하지만 첫 TV 광고이다 보니 기존 유저들에게 마켓컬리의 가치를 다시 한번 상기시켜드릴 메시지에 집중했습니다. 예상대로 신규 유저가 폭발적으로 늘진 않았지만, 예전에 가입을 해놓고 잊고 지내던 고객들이 다시 돌아와주셨습니다. 저희 입장에서는 TV 광고 데뷔치고는 성적이 나쁘지 않았고요. 이후에 물류와 운영에 자신감이 붙으면서 파급력을 고민하게 되었습니다. 어차피 TV 채널은 매우 비싼 채널이니까 정말 많은 사람에게 우리를 알리는 광고를 만들어야겠다고 말이지요.

그렇게 등장한 전지현 씨 광고가 굉장히 성공적이었죠?

화제성과 신규 고객 유입 측면에서 깜짝 놀랄 만큼 성공적이었습니다. 기대했던 것 이상이라 오히려 내부에서는 진통을 겪었던 것 같습니다. 서비스 퀄리티도 잠시 안정적이지 못했고, 물류센터에서도 비명이 있었고요. 모두가 아는 빅스타가 나와서 서비스를 얘기해주니까 '도대체 마켓컬리가 뭐길래?' 하는 효과가 분명히 있었던 것 같습니다.

전지현 씨와 진행한 마케팅은 이렇게 해서 큰 성공을 거뒀고, 그렇다면 '포스트 전지현' 마케팅은 어떤 방향으로 생각하시나요?

많은 분이 마켓컬리를 알아봐주셨으니 앞으로는 저희만이 줄 수 있는 가치를 보여드리고 싶습니다. 카테고리는 이제 어느 정도 점유한 만큼 '저희가 새벽 배송을 하고요, 콜드체인이란 걸 합니다' 하고 굳이 이야기할 필요가 없어졌습니다. 대신 첫 광고가 나간 시점보다 같은 서비스를 제공하는 기업이 많아졌기에, 애초에 저희가 왜 특별했는지를 이해시켜드릴 때가 됐다고 생각합니다. 초창기부터 저희를 알아주신 기존 고객들에게는 자부심으로, 앞으로의 신규 고객들에게는 마켓컬리만의 차별성으로 다가가려 계획하고 있습니다.

PART 4

라스트핏

Last Fit Maximization

고객의 마지막 경험 극대화

Keeping Customer Values

Utmost Suppliers' Interests

Realizing Detail Management

Last Fit Maximization

Yield to Autonomous Synergy

마켓컬리의 시그니처,
샛별배송

하나의 상품을 구매할 때 소비자는 가격·디자인·품질 등 많은 요소를 동시에 고려한다. 이를 핵심 구매 요인, 영어로 KBF^{Key Buying Factor}라고 한다. 예를 들어 우리가 옷을 구매할 때는 사이즈가 맞는지, 디자인은 예쁜지, 가격은 합리적인지 등을 따진다. 이처럼 KBF는 대체로 상품의 속성인 경우가 많다. 하지만 당장 내일 있을 모임에 입고 갈 옷을 골라야 한다면 상황은 달라진다. 무엇보다 '내일까지 배송이 가능한지'가 중요한 KBF가 될 것이다. 이렇듯 때에 따라서는 상품 이외의 요소가 KBF가 되는 경우도 있다.

최근에는 상품의 속성과 무관한 KBF의 중요성이 점차 커지고 있다. 편하게 받아볼 수 있는 시간에 배송이 되는지부터 '언박싱^{Unboxing}' 즉 포장을 여는 경험인 'OOBE Out of Box Experience'가 얼마나 즐거운지 등이다. 좀 더 일반화해서 말하면 고객 만족을 결정하는 순간은 상품과 서비스 그 자체가 아니라 소비자와 마지막으로 만나는 접점으로 변화해가는 것이다.

이 같은 '마지막 접점의 경험'을 『트렌드 코리아 2020』에서는 '라스트핏'이라는 개념으로 제안했다. '고객 만족을 최적화하는 구매의 마지막 순간, 혹은 근거리 경제'라는 의미다. 배송을 뜻하는 '라스트마일 Last Mile'이 가장 중요한 사례이기는 하지만 그 밖에도 라스트핏은 이동 · 지역 · 구매 여정을 포괄하는 개념이다. 『트렌드 코리아 2020』에서는 다음과 같이 적고 있다.

현재 국내 배송 업계의 화두는 '새벽'이다. '누가 가장 빨리 소비자의 문 앞에 당도하는가'라는 과제를 두고 유통 업계가 사활을 걸고 있다. 새벽 배송도 모자라 그보다 더 빠른 '야간 배송'에 뛰어든 유통업체들도 증가하고 있다. '마켓컬리'가 새벽 배송의 선두 주자로 시장점유율의 상당한 부분을 차지하고 있는 가운데, 유통의 전통 강자들도 상품의 경쟁력과 물류 인프라를 내세우며 시장 쟁탈전에 뛰어들었다. 마켓컬리의 경우 상품 카테고리는 많지 않지만 백화점 식품관을 연상케 할 정도로 일반 마트에서는 구입하기 힘든 상품들을 보유하고 있다. 예컨대 돈코츠 라멘은 있어도 오뚜기 진라면은 없는 것이 마켓컬리가 내세우는 전략이다. 마켓컬리의 김슬아 대표는 신선식품을 배송하는 데 꼭 필요한 냉장 차량의 수요가 가장 낮은 시간대가 새벽이라는

사실과 30대 직장 여성들이 배송을 받기에 집을 비우는 낮 시간보다는 새벽이 더 좋다는 사실에 착안하여 '새벽 배송' 서비스를 내놓았다. 새벽이라는 시간대의 상업적 수요와 고객의 니즈에서 접점을 찾은 것이다.

- 『트렌드 코리아 2020』 라스트핏 이코노미, p.222

마켓컬리의 배송 체계를 설명하면서 최근 유통업에서 자주 사용하는 '라스트마일' 대신 '라스트핏'이라는 용어를 사용한 이유는 그들이 단지 소비자와의 접점에서 만족도를 높이기 위해 '편리한 배송'만을 한 게 아니라, 포장에서 물류 전반에 이르기까지 다양한 노력을 기울이고 있기 때문이다.

마켓컬리의 장점으로 꼽히는 건 많지만 역시 가장 대표적인 것은 '주 7일 새벽 배송'이다. 업계 최초의 시도였고 도전이었다. 가장 확실하게 배송받을 수 있으면서 받자마자 상품을 바로 냉장고에 넣고 출근할 수 있는 이 '샛별배송'에 고객들은 환호했다. 하지만 심야 시간의 인력 관리 측면에서 생각해봐도 이것이 얼마나 구현하기 어려운 서비스인지를 금방 짐작할 수 있다. 이제는 다른 유통 업체와 여러 대기업에서도 이를 속속 도입해 운영하고 있지만, 그동안 그들이 엄두를 내지 못했던 데는 분명 현실적인 난관도 컸을 것이다. 결국 새벽 배송도 마켓컬리가 고정관념에 얽매이지 않고 처음부터 운영 프로세스를 새로 써 내려간 스타트업이었기에 가능했다고 말할 수 있다.

실제로 지금의 물류 시스템을 갖추기까지 직원들이 쏟아부은 노력은 상상을 초월하는 수준이었다고 한다. 마켓컬리를 론칭하고 첫 3주 정도는 공급사 농장의 물류센터를 일부 임대해 사용했다. 창립 멤버들이 매일 밤 충주로 가 물건을 싣고 올라왔다. 밤잠을 거의 못 잤고, 폭우가 내리기라도 하는 날이면 배송이 늦어질까 봐 전전긍긍하기 일쑤였다. 이후에도 배송의 세계는 책상 위의 논리 정연한 세상이 아니라 상상도 못 할 문제가 연속으로 발생하는 현실의 세계였다. 긴박한 일이 수시로 터지고 명절에는 밀린 포장을 처리하기 위해 본사의 전 직원이 물류센터로 출동하는 일도 다반사였다. 현재 서울·경기·인천 지역(비주거 지역 제외)에서 시행 중인 새벽 배송 서비스도 처음에는 서울·경기 일부 지역에서만 시작했다가 조금씩 확장한 결과다(새벽 배송이 어려운 수도권 이외 지역은 택배 발송을 하며, 저녁 8시 주문 건까지는 다음 날에 받을 수 있다).

파트 1에서 '새벽 배송은 효율이 아니라 고객 지향의 문제'라는 점을 언급했다. 하지만 아무리 고객 지향적이라고 할지라도 그것을 실행하는 건 쉬운 일이 아니다. 마켓컬리에도 코로나 사태 때 일부 서비스가 원활하지 못했던 기간이 있었다. 이때도 문제는 상품의 재고가 부족했던 게 아니라 새벽 배송을 위한 물류센터의 처리 용량과 가용 인력의 한계였다고 한다. 앞서 말한 바와 같이 엄청난 비용과 재고 관리의 부담을 감수하며 상품을 전부 직매입해 관리하는 마켓컬리의 새벽 배송은 어렵게 자리 잡은 만큼 이제 신선식품 유통 업계의 표준이 되었다.

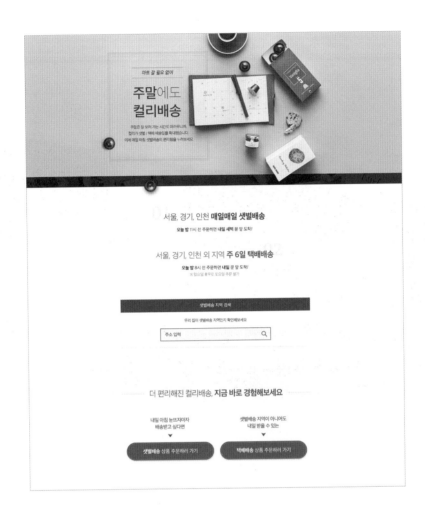

마켓컬리가 처음 시도한 주 7일 새벽 배송. 주말에도 서비스를 필요로 하는 고객들의 수요를 확인해 주 6일에서 7일로 확대 시행했다.

마켓컬리의 저탑 차량. 일반 트럭보다 높이가 낮은 편이다. 일부 아파트 단지는 높이가 높은 트럭 진입이 어렵기 때문에 배송 매니저의 편의를 고려해 저탑 차량을 도입했다.

기본을 지키면서
최적의 온도를 찾아라

식품 유통이 다른 상품의 유통과 다른 점, 나아가 더 까다로운 점은 신선함을 유지해야 한다는 것이다. 유통기한이 매우 짧아서 재고를 쌓아둔 채 출고 시점을 조절할 수도 없고, 상품의 신선함을 지키려면 물류 과정에서도 포장과 냉장·냉동의 배려가 꼭 필요한 선결 과제다. 이로 인해 신선식품 유통은 주로 대형마트를 운영하는 전통적인 오프라인 채널을 중심으로 이루어질 수밖에 없었다. 아마존과 같은 온라인 유통 거인도 신선식품 영역에서만큼은 큰 어려움을 겪어야 했던 것도 그런 이유에서다. 그렇다면 어떻게 백지상태에서 출발한 작은 스타트업이 이처럼 까다로운 온라인 신선식품 유통을 성공시킬 수 있었을까?

프레시 솔루션

마켓컬리의 배송 과제는 새벽 시간에 배송을 마친다는 데서 그치지 않는다. 농장에서 식탁까지 신선함을 그대로 유지해야 한다. 이를 위해서는 식품 전용 냉장·냉동 창고를 마련해 품목마다 최적의 보관 온도를 지켜야 하고, 상품을 포장할 때도 냉장·냉동 창고에서 해야 한다. 배송 차량도 일반 차량이 아닌 냉장 차량을 이용해야 한다. 이러한 '풀콜드체인'은 이전까지 대규모 유통 업체에서도 완벽하게 구현한 곳이 거의 없을 만큼 구축하기도, 운영하기도 어려운 시스템이다.

더불어 마켓컬리는 신선식품의 판매기한도 동일 업계 대비 무척 짧은 편이다. 일반 대형마트에서는 엽채소를 보통 5일의 판매기한을 두고 판매하지만, 마켓컬리는 하루 혹은 길어야 이틀이다. '오늘 수확한 채소는 오늘 배송한다'는 뜻이다. 또한 상품이 고객의 문 앞에 도착했을 때 가장 신선한 상태를 만들기 위하여 물류센터 관리부터 배송 완료 작업까지 각별한 노력을 기울이고 있다. 마켓컬리에서는 이를 '프레시 솔루션Fresh Solution'이라고 부른다.

이를테면 이런 식이다. 바나나와 같이 온도 변화에 민감한 열대과일은 여름에는 과숙이 되고, 겨울에는 낮은 온도로 인해 표면에 멍이 들 수 있다. 이를 막고자 마켓컬리는 바나나에 선풍기 바람을 쐬어주거나 담요를 덮어서 온도를 맞춰주는 작업을 한다. 특히 딸기와 같은 제철 과일은 쉽게 무르기 때문에 더욱 까다롭게 관리하는 편이다.

하지만 전수 검사나 보관 관리를 아무리 철저히 한다고 해도 배송 중에 생기는 문제를 제어하기는 어렵다. 그래서 반드시 신경 써야 할

마켓컬리 냉장 창고 안에서 작업자가 상품을 스캔하고 있다. 재고 보관과 포장 작업이 이뤄지는 냉장·냉동 창고는 상품의 신선도를 위해 온도가 낮게 유지된다. 이 때문에 물류센터 직원들은 더운 여름에도 따뜻한 외투가 필수다.

부분이 포장이다. 일반적인 배송 상품은 파손 예방이 주된 목적이지만 마켓컬리의 경우 파손과 신선도의 문제를 동시에 해결해야 한다. 그래서 이들은 포장만을 연구하는 별도의 패키징팀(PKG팀)을 따로 두고 있다.

마켓컬리는 1년을 열 개가 넘는 절기(저온일반기·고온일반기·하절기·극하절기·열대야·동절기·아이스에이지 등)로 나누어 각각의 포장법을 달리 연구하고, 하루 동안에도 발생할 온도별·시간별 다양한 상황을 가정해 포장재를 실험하고 업데이트한다. 특히 이들은 2019년 9월에 모든 포장재를 친환경 종이로 바꾸는 '올페이퍼 챌린지'를 도입했다. 올페이퍼 챌린지만을 위해서 1만 시간 이상을 연구했다고 한다.

"식품이 너무 얼어버렸어요."

"아이스팩도 다 녹아 있고, 냉동 제품도 거의 해동된 상태로 왔어요."

패키징팀이 연구해야 할 대상은 배송 상자에서 끝나지 않는다. 신선식품은 배송 과정에서의 변질을 막기 위해 보냉제(아이스팩)를 동봉한다. 하지만 같은 보냉제라고 해도 식품의 종류나 날씨·환경 등에 따라 배송 상태가 천차만별로 달라지고, 동시에 극과 극의 클레임이 들어오기도 한다. 이전까지만 해도 포장에 관한 온도 기준 자체가 대한민국 그 어디에도 없었기에 정답은 역시 계속해서 실험하는 방법뿐이었다.

"상품별로 최적의 온도를 찾자."

올페이퍼 챌린지를 바탕으로 모든 포장재를 종이로 전환하기 위해 패키징팀은 냉동 고등어를 가지고 온도 실험을 진행했다. 영하 2℃에서 꼬리부터 서서히 녹는 고등어를 냉매와 가까이 둬보기도 하고 멀리도 두면서 온도 변화에 따른 상품의 상태를 관찰했다. 그 결과 배송 상자 안에서 최적의 냉매 위치를 찾을 수 있었다. 한편 극신선식품으로 분류되는 육류는 고객의 문 앞에서 항상 5℃ 이하의 온도가 지켜질 수 있도록 내부의 원칙을 세웠다. 실제로 패키징팀 직원들은 포장 상태가 어떨 때 온도가 가장 잘 유지되는지를 파악하기 위해 매일같이 실제로 육류를 배송받아 하나씩 찔러보면서 온도를 확인했다고 한다.

이렇듯 마켓컬리는 보냉제 외에도 상품의 특성별로 발생하는 여러 주의사항을 모두 모아 2020년 3월 기준 5000여 가지의 세부 기준을 매뉴얼로 누적했다. 수많은 테스트와 시행착오를 거쳤고 배송·포장 연구에만 순수하게 1년 이상이 걸렸다고 한다. 물론 상품이 새로 들어올 때마다 그 상품에 맞는 온도를 찾기 위한 테스트는 계속해서 시행하고 있다. 또한 매주 일기예보를 확인하며 다음 주의, 또 그다음 주의 포장법을 지속적으로 환기해 업데이트하는 노력을 게을리하지 않고 있다고 한다.

달걀 낙하 실험과 배송 테스트

"달걀 10구를 샀는데, 그중 4개가 깨지거나 금이 가서 왔네요. 이걸 어째야 하나요? 난감합니다."

신선함을 유지하는 것도 중요하지만 역시 포장의 기본 기능은 파손을 막는 것이다. 달걀처럼 조그만 충격에도 파손되기 쉬운 상품은 고객들의 불만도 많을 수밖에 없다. 특히나 달걀은 마켓컬리에서도 인기가 많은 상품인 만큼 고객의 불만도 빈번하게 접수되었고, 당연히 그에 따른 대책도 필요했다.

"어떻게 하면 달걀을 가장 안전한 상태로 포장하고 배송할 수 있을까?"

다시 실험이 시작됐다. 파손 문제와 관련해 여러 정보를 찾던 중 전자제품은 낙하 테스트를 한다는 걸 알게 됐다. 공인 기관의 기준에 따라 1m 이상의 높이에서 밑면·옆면·앞면을 차례로 떨어뜨려 본다는 것이다. 물론 이전까지 달걀로 낙하 테스트를 한 사례는 없었을 것이다. 하지만 마켓컬리는 이보다 기준을 더 보수적으로 잡아 1m 50cm 높이에서 달걀을 떨어뜨리는 실험을 했다. 사과나 배를 싸는 과일망을 씌워보기도 하고, 에어캡(뽁뽁이)를 둘러보기도 하고, 과일망과 뽁뽁이를 둘 다 사용해보기도 했지만 테스트 결과는 만족스럽지 않았다. 이때 깨트린 달걀만 해도 몇백 개는 된다고 한다. 그렇게 새로운 방법을 고민하던 중 또다시 전자제품 배송에서 힌트를 얻었다. 노트북을 배송할 때 쓰는 에어셀이 눈에 띈 것이다. 단가는 비쌌지만 낙하 테스트 결과가 월등했던 만큼 마켓컬리는 결국 달걀 배송에 에어셀을 도입하기 시작했다. 이 역시 업계 최초였다.

사실 달걀보다 더 어려운 것이 케이크다. 실제로 날 선 후기가 가장 많이 올라오는 품목도 바로 케이크였다. 초창기 유명 레스토랑의 티라미수를 입점시킬 때도 6개월 동안 공급사를 설득하고 한 달여 동안 배송 테스트를 거쳐야 했다. 격렬한 배송 전쟁의 와중에도 녹거나 쏠리지 않게 하기 위하여 여러 부자재의 조합을 찾았고, 지금도 케이크 관

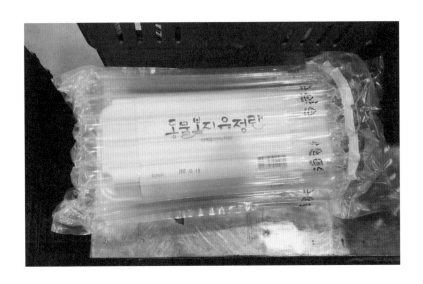

━━ 에어셀을 둘러 포장한 달걀. 마켓컬리는 파손 방지를 위해 상품별로 지속적인 실험을 하며 포장
재를 개선하고 있다.

련 상품만큼은 적치하는 기준과 포장 작업자의 주의사항, 배송 매니저의 매뉴얼을 최고 주의 단계로 설정해 신경 써 관리하고 있다.

새로운 과제,
친환경 포장 솔루션

어느 물류 회사가 좋은 포장재를 사용하고 싶지 않겠는가? 문제는 비용이다. 품질이 좋은 포장재는 그만큼 단가가 더 비싸다. 많은 업체가 이 때문에 새로운 포장재의 도입을 주저하는 것도 사실이다. 마켓컬리에도 이는 피할 수 없는 문제였지만 그들은 그들만의 철학으로 정면 돌파하는 방법을 택했다. 비싸더라도 더 좋은 포장재를 사용하고, 회사 차원에서 비용을 줄일 방법은 그다음에 모색하기로 한 것이다. 그들에게 상품에 관한 1순위는 언제나 '품질'이기 때문이다.

신선식품 포장과 배송에는 대부분 스티로폼 상자가 사용된다. 서비스를 시작한 이후 마켓컬리도 한동안은 그러했다. 하지만 앞서 말했듯이 올페이퍼 챌린지를 시행한 2019년 9월부터는 모든 샛별배송에

━━ 올페이퍼 챌린지 기자간담회에서 샛별배송의 모든 포장재를 종이로 교체한다고 발표하는 김슬
아 대표. 유통사로서는 드물게 마켓컬리는 생산자·고객·플랫폼이 하나 돼 더 나은 사회를 꿈꾸는
'지속가능성'을 고민하고 있다.

종이 포장재를 사용했다. 환경에 이롭고 고객에게 옳은 방식을 도입해야 한다는 결단이 있었기에 가능한 일이었다. 무엇보다 종이는 재활용이 가능하고 5개월 이내에 자연 분해된다는 이점이 있다. 보냉력 또한 충분한 실험을 통해 최적의 사양을 구현하면 문제가 없는 일이었다. 물론 다회용 플라스틱 포장재도 고려 대상에 있었다. 다만 환경에 이로우려면 130회 이상은 사용해야 하는데, 현재 포장재 회수율을 감안한다면 오히려 역효과가 크다고 판단했다. 무엇보다 다회용 플라스틱 포장재는 회수 후 세척이 제대로 되지 않으면 식품으로 세균이 옮겨갈 수 있다는 치명적인 문제를 안고 있다. 이에 마켓컬리는 플라스틱 포장재 소재 자체에 변화가 있거나 회수 후 확실한 세척이 가능할 때, 또는 환경에 부담 없이 처리할 수 있을 때 이를 도입한다고 결론짓고 종이 소재로 방향을 잡았다. 이 같은 논의와 실험은 고객 만족의 관점에서도 포기할 수 없는 문제였다. 첫 구매 고객에게는 배송 상자가 마켓컬리의 첫 이미지가 되기 때문이다.

사실 스티로폼 포장재를 쓰던 2019년 9월 이전에도 포장재와 관련해서는 그림 5와 같은 크고 작은 변천사가 있었다. 과거의 소비자들은 조금 과하다 싶을 만큼 튼튼하고 커다란 배송 상자를 선호했지만 요즘의 소비자들은 환경을 지키면서 재활용하기에 편한 배송 상자를 선호하는 것이다. 소위 '언택트' 구매가 늘면서 집집마다 처리해야 할 배송 상자와 포장재가 늘었기 때문이다. 이제는 많은 소비자가 '온라인 구매는 편하기는 한데 쓰레기가 너무 많이 나와서 걱정'이라는 우려를 한다. 포장 이슈가 신선함을 지키고 파손을 막는 데서 한 걸음 더 나아

[그림 5] 마켓컬리의 포장 변천사

시점	주요 적용 내용
2016년 6월	고객의 문 앞에 탈부착이 가능한 '샛별박스' 도입 (포장재 부담을 최소화하고 도난을 막기 위한 목적으로 제작·판매)
2017년 4월	'에코박스 V1' 도입 (기존 냉장 상품용 스티로폼 상자를 내부에 은박을 두른 종이 상자로 변경)
2018년 5월	스티로폼 상자 및 아이스팩 회수 서비스 도입 (다음 주문 시 최대 스티로폼 상자 2개, 아이스팩 5개 회수)
2018년 6월	'에코워터팩' 도입 (젤 성분이 아닌 물로 채운 보냉제 도입)
2019년 1월	'에코박스 V2' 도입 (재생지 소재를 사용한 종이 상자로 냉장 상품용 상자 변경)
2019년 4월	1) '에코박스V3' 도입(에코박스 V2의 생산 방식 개선) 2) 친환경 지퍼백 도입(사탕수수·옥수수 추출 소재 20퍼센트 이상 포함, 제조 시 탄소배출량을 줄여 친환경 인증 획득)
2019년 9월	1) 샛별배송 지역 한정 '올페이퍼 챌린지' 시행[배송 상자·완충재·테이프·파우지·지퍼백 등을 송이로 변경(아이스백·에어셀 등 제외)] 2) 물을 넣어 얼린 보냉제 활용 시작 3) 종이 상자 수거 서비스 시작(최대 3개) 　- 이를 통해 연간 약 750톤의 비닐과 2130톤의 스티로폼 감축 효과 기대
2020년 2월	올페이퍼 챌린지 포장재 산림관리협의회(FSC) 인증 획득
2020년 3월	종이 워터팩 도입 (보냉제의 포장재를 종이로 변경)

1 종이 상자(스티로폼 상자 대체)
2 종이 파우치(비닐 파우치·지퍼백 대체)
3 종이 테이프(박스 테이프 대체)
4·5 종이 완충 포장재(비닐 완충 포장제 대체)
6 종이워터팩(비닐 워터팩 대체)

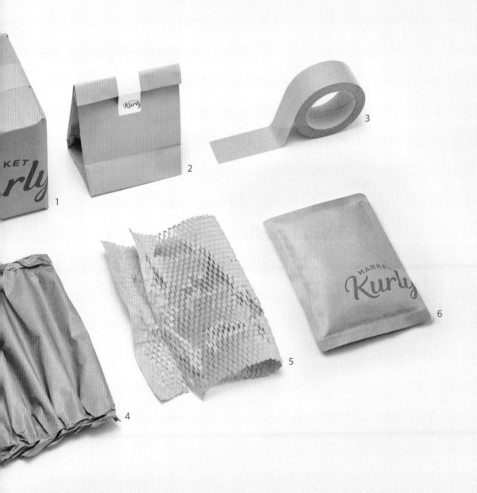

가 친환경까지 생각해야 할 시점에 이른 것이다.

『트렌드 코리아 2019』에서 '필환경시대'를 키워드로 제안한 것도 이 같은 문제 제기와 맥락을 같이한다.

모바일 프리미엄 마트 마켓컬리의 경우 기존 샛별배송에 사용되는 보냉제를 물과 재활용 비닐로 제작한 친환경 에코워터팩으로 교체했다. 에코워터팩은 기존 아이스팩과 달리 보냉제를 100% 물로 대체하면서도 중량을 20% 늘려 보냉력은 그대로 유지하는 것이 특징이다.

- 『트렌드 코리아 2019』, 필환경시대, p.148

그런 점에서 앞서 정리한 마켓컬리의 여러 시도는 매우 의미 있었다고 할 수 있다. 특히 모든 포장재를 종이로 만들어서 처리할 때 부피를 줄이고 재활용을 가능하게 했다. 이는 비용과 기술적인 측면에서도 커다란 도전이었지만, 소비 트렌드의 변화와 '마켓컬리의 철학'이라는 측면에서도 반드시 해결해야만 했던 시도라고 생각한다. 향후 포장과 관련해서 또 다른 여러 시도와 혁신이 있을 것으로 예상한다.

배송 시스템의 심장부, 물류센터

고객의 입장에서 직접 관찰하기는 어렵지만 유통업의 경쟁력은 물류 센터에서 나온다. 물류센터란 전국 각지에서 매입한 상품이 한 군데에 모여 있고, 이것들을 적절하게 분류해 보관한 후 다시 배송해야 할 고객에게 포장해 내보내는 곳이다. 말은 간단하지만 보관·분류해야 할 상품의 양과 배송받을 고객의 수가 엄청나게 많다면 이야기는 달라진다. 특히 신선식품처럼 오래 쌓아두기 어려운 상품을 다룰수록 업무 강도는 더욱 세다.

어느 회사든 물류센터에 방문해보면 실핏줄처럼 무한히 이어지는 컨베이어벨트 위로 쉬지 않고 움직이는 상품의 모습이 보는 이를 압도한다. 여기에 더해 마켓컬리의 물류센터에는 서로 어깨를 부딪치며 많은 사람이 움직이는 심야의 분주함이 있다. 개인적으로 다른 유통사의 물류센터도 견학한 적이 있지만 마켓컬리와 비교하면 그 어떤 평안함마저 느껴졌다. 전국적인 물류망이 필요한 대기업이라 공간의 크기 자체는 어마어마하게 컸지만 이미 상당 부분 자동화가 이루어져 컨베이어벨트 소리만 요란했던 것이다.

처음에는 그 차이가 무엇일까 궁금했다. 그곳은 식품이 아니라 오래 보관할 수 있는 아이템을 주로 다루는 곳이었다. 생각해보면 분초를 아껴가며 밤을 새울 이유가 전혀 없던 것이다. 하지만 마켓컬리는 다르다. 식품, 그것도 싱싱함이 생명인 신선식품을 주로 다룬다. 매일 밤이 전쟁일 수밖에 없다. 방송에 비유하면 생방송과 녹화방송의 차이라고나 할까?

물류센터의 시간

마켓컬리는 서울 장지동(냉장·상온센터)과 남양주 화도읍(냉동센터)·용인 죽전(상온센터)에 물류센터를 운영하고 있다. 2020년에는 김포 물류센터도 새로 오픈할 예정이다. 장지동 물류센터는 복합물류단지 안에 있어 마켓컬리 외에도 롯데·쿠팡·티몬 등 다양한 유통 업체가 들어섰고 그 규모가 엄청나다.

해가 지고 저녁 어스름이 내려와 사람들의 게으름을 재촉할 때쯤, 물류 단지 안에는 수천 대의 다양한 배송 차량이 밀려들어와 오고 상품을 싣고 나르는 직원들로 분주해진다.

밤 10시, 마켓컬리의 막바지 주문 처리 회차가 다가오면서 현장에는

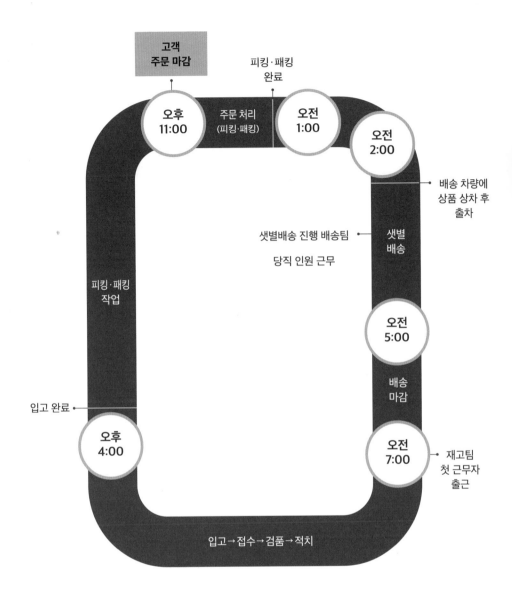

고객
주문 마감

피킹·패킹
완료

오후
11:00

주문 처리
(피킹·패킹)

오전
1:00

오전
2:00

배송 차량에
상품 상차 후
출차

샛별배송 진행 배송팀

당직 인원 근무

샛별
배송

피킹·패킹
작업

오전
5:00

배송
마감

입고 완료

오후
4:00

오전
7:00

재고팀
첫 근무자
출근

입고→접수→검품→적치

━━━ 한눈에 보는 '물류센터 하루 일과'
물류센터는 24시간 쉬지 않는다. 재고 순환율이 매우 높은 편으로, 상품의 신선도가 높아서 입
고·보관·출차가 빠른 주기로 이뤄질 수밖에 없다.

서서히 긴장감이 감돌기 시작한다. 이때부터는 주문 처리를 위한 작업이 본격적으로 진행된다. 당일에 들어온 상품은 이미 상온·냉장·냉동 창고에 따로 분류돼 있고, 각각의 위치는 모두 데이터화돼 있다. 다스DAS(주문 처리 자동화 설비)가 상품을 각 바구니로 배분해서 넣으면 이들은 컨베이어벨트를 타고 다음 단계로 이동한다. 각 창고에서 최종 분류된 상품들은 포장 작업장으로 넘어가고, 상품별 포장 기준에 따라 작업자들의 패킹 작업을 거쳐 배송 상자에 담기는 것이다.

새벽 1~2시, 이렇게 완성된 상자에 택배 송장을 붙이고 나면 권역별 배송 기사가 트럭에 실어 출차한다. 마켓컬리에는 직영 기사도 있고 지입 기사도 있다. 지입 기사 중에는 낮에 일반 택배 일을 하다가 새벽에는 샛별배송을 하는 이가 많다. 그들에게 새벽 시간대의 배송은 낮 시간에 비해 차가 막히지 않아 비교적 빠르게 처리할 수 있고, 고객들과 직접 대면하지 않아도 돼 감정 노동이 덜하다는 장점이 있다고 한다.

새벽 4~5시, 어느덧 배송도 막바지에 이를 시가이다. 택배 차량이 하나둘 고객의 집 앞에 도착하기 시작한다. 고객이 결제하며 기재한 공동 현관 출입 방법에 따라 배송 기사가 건물 안으로 들어가서는 고객의 집 문 앞에 배송 상자를 놓는다. 이 사진을 찍어 주문한 고객에게 배송 완료 문자를 보내면 길었던 물류 현장의 밤은 마무리되고 다시 새로운 하루의 아침이 밝는다.

파트 3에서 마켓컬리는 한순간의 비약적인 도약이 아니라 하루하루 조금씩 성장해왔다고 말했다. 물류센터도 마찬가지다. 처음에는 공급사 농장의 작은 창고를 빌려 시작한 물류센터가 하남의 500평 규모를 거쳐 2016년 7월부터는 장지동에 터를 이루며 그야말로 엄청난 변화를 만들어왔다. 장지동 물류센터도 처음에는 1500평에서 시작해 1년여 사이에 6000평 이상의 규모로 확대됐고 점차 수용력의 한계치를 갱신하며 현재는 1만 평 이상의 규모로 운영되고 있다.

규모만 커진 것이 아니다. 물류센터를 운영하는 데는 네 개의 물리적인 공간이 필요하다. 입고·적치·주문 처리 그리고 분류 공간이 그것이다. 상품은 이 네 개의 공간에서 각 단계를 거치며 배송 준비 과정을 마친다. 처음에는 주문서를 프린트해 보면서 물건을 하나하나 창고에서 꺼내와 포장하던 시절도 있었다고 한다. 그러다가 태블릿을 보며 바구니에 상품을 담아오는 방식을 거쳤고, 2016년 다스와 함께 컨베이어벨트가 도입되면서 한 번에 160~200건의 주문 처리가 가능할 만큼 과정이 대폭 효율화되었다. 다스는 현재 대부분의 이커머스 업체에서 운용하는 설비이기도 하다.

물류센터 사람들

아무리 다스와 같은 자동화 설비가 고도화되고 그 기준이 엄격하게 설정돼 있다고 해도, 이를 움직이는 건 결국 사람이다. 어떤 상품은 아이스팩과 가깝게 놓아야 하지만, 또 어떤 상품은 정반대로 아이스팩과 거리를 둘 때 가장 신선한 상태로 받아볼 수 있다. 이처럼 물류의 마지막 단계는 곧 일하는 사람들의 세심한 정성을 필요로 한다.

현재 마켓컬리 물류 현장에서 일하는 사람은 1000여 명이다. 처음

배송을 기다리는 마켓컬리의 포장 상자들.
새벽 1시, 고객의 집 앞으로 하나둘 출발한다.

에는 상상도 못 했을 만큼 그 수가 늘었다. 상품 포장을 담당하는 여성 근로자들을 '여사님'이라고 부르는데, 이 여사님들 중에는 실제로 전월 결제 100만 원 이상의 마켓컬리 '퍼플 회원'도 있다. 이들은 고객의 입장에서 포장의 마지막 단계를 책임지고 있다. 그래서인지 특수 시즌을 앞두고 본사 직원들이 총출동해 일을 돕다 보면 종종 재미있는 광경이 펼쳐진다. 본사 직원들 역시 이들의 엄격한 레이더망을 피해갈 수 없는데 김슬아 내표라고 해서 예외는 아니다. 제대로 하지 못하면 어김없이 혼을 내고 직접 뜯어서 다시 포장하게 시킨다는 것이다. 이런 마음은 절대 자동화될 수 없다.

배송 담당 기사들의 호칭은 '매니저님'이다. 한 매니저는 실수로 오배송했다는 걸 뒤늦게 깨닫고는 두 시간 거리를 자발적으로 되돌아가 고객에게 직접 사과한 적도 있었다. 배송 매니저 간에는 소모임도 있을 만큼 유대가 깊다. 2016년 회사에 투자가 늦어져 자금 압박이 심했을 때 어려운 시간을 함께 견뎌준 분도 많았는데 그때 한 매니저가 이런 말을 남겼다고 한다.

"10년 넘게 배송 일을 해왔는데 '기사님, 고맙습니다. 이거 드시고 힘내세요' 라며 쪽지와 함께 음료수를 놓아준 고객은 마켓컬리를 하면서 처음 봤다. 이런 고객들이 있는 기업이라면 위기도 잘 넘길 수 있을 거라고 믿는다."

2017년 설 시즌에는 매일같이 새벽 배송으로 고생하는 배송 매니저를 위해 '컬리 우체국'이라는 이벤트를 진행한 적이 있었다. 고객들이 담당 배송 매니저에게 직접 감사의 메시지를 전해주는 행사였다. 이 벤트를 기획하며 호응이 있을까 하는 걱정이 앞섰지만, 우려와 달리 1500여 명의 고객이 폭발적인 반응을 보여주었다. 지금도 배송 매니저 사이에서는 이때의 이야기가 많이 회자된다고 한다.

결국은 사람이다. 당시 감사 이벤트를 통해 전해졌던 어느 고객의 쪽지처럼 말이다.

"내가 이용하는 서비스 뒤에 사람을 생각하는 사람들이 있다는 것을 느꼈습니다. 따뜻한 마음으로 함께할 수 있어서 참 좋았습니다."

작은 맺음말

온라인 유통에서는 상품의 입고·적치·보관·선별·포장·운송· 반품 처리 등 고객의 주문을 처리하는 일련의 과정을 '풀필먼트 Fulfillment'라고 부른다. 최근 이 풀필먼트는 인공지능 로봇을 이용해 물건을 집어내고Picking 포장하는Packing 단계로 발전하고 있는데, 미국의 아마존이나 영국의 오카도 같은 회사가 이를 활용하는 대표적인 기업이다. 특히 오카도의 물류센터는 컨베이어벨트식의 선형이 아니라 바둑판 형태의 입체형 '스마트 플랫폼'을 활용한다. 1100대의 로봇이

동시에 주문 처리를 할 수 있는 방식이다. 이제 유통업의 본질이 기술로 진화하고 있다. 향후 자율 주행 차나 드론 기술이 활성화되면 창고에서의 물류뿐만 아니라 고객의 집 앞까지 도달하는 '라스트마일' 영역에서도 기술은 더욱 중요해질 것이다.

상황이 이렇게 변해감에 따라 마켓컬리에도 분명 또 한 번의 선택이 필요한 시점이 오고 있다. 다시 말해 전적인 자동화가 주는 투자 비용과 비용 절감 내비 인력의 활용이 주는 유연성과 선별 역량 등의 효용을 비교해 기술 투자를 얼마나 늘려야 할지 결정해야 하는 시점이다. 마켓컬리에게 그 시점은 또 하나의 중요한 변곡점이 될 것으로 보인다.

1   출고장까지 포장된 상품을 옮기고 있는 지게차.

2   1층 재고 공간에서 피킹된 상품들이 2층에 있는 포장 공간으로 이동하고 있다. 연이은 이동 행
렬이 멈출 때쯤 그날의 상품 포장도 끝이 난다.

재고 적치·주문 처리·분류 등의 작업이 이루어지는 장지동 물류센터 현장. 자정이 지나면 출차를 위해 물류센터 직원들의 발걸음이 분주해진다.

김난도 × 김슬아 대담

Column 최근 고객 만족의 트렌드가 배송이나 포장과 같은 '라스트핏'에 맞춰지고 있다.
특히 마켓컬리를 성장시킨 핵심 동력인 '샛별배송'이 가능하기 위해서는 물류·
배송·포장 영역에 특별한 노력이 필요하다. 마켓컬리는 다양하게 발생하는 배
송의 문제들을 어떻게 해결해왔을까?
다음 대담은 '마켓컬리 풀필먼트'의 심장부라고 할 수 있는 서울 장지동 물류센
터에서 한창 작업이 활발하게 진행되는 늦은 저녁 시간에 이루어졌다. 농장의 신
선함이 고객의 식탁까지 전해질 수 있도록 노력하는 그 치열한 현장의 분위기가
독자 여러분에게도 그대로 전달되길 바란다.

김난도 『트렌드 코리아 2020』에서 '라스트핏'을 키워드로 만들 때 마켓컬리
의 샛별배송이 굉장히 큰 영감을 줬습니다. 고객이 상품을 가장 안정

적으로 받을 수 있는 시간대를 고민하다가 새벽 배송이라는 아이디어가 나왔다고 하셨는데요. 실제로 물류를 하면서 어떤 어려운 점이 있었나요?

김슬아 저희 배송 매니저님들은 식자재 납품을 오래 하셔서 원래 밤에 일하던 분들이셨습니다. 다만 아파트를 관리하는 분들께선 그 시간에 배송한다는 걸 굉장히 낯설게 느끼셨습니다. 그러다 보니 아파트 출입에 관한 이슈가 있었고, 모두가 깨어 있는 시간이 아니다 보니 작은 사고라도 나면 대응성이 조금 떨어졌습니다. 그런데도 생각보다 좋은 점이 훨씬 많았습니다. 차가 잘 다니지 않는 시간대이다 보니 배송의 효율성이 굉장히 높았고, 문 앞에 놓은 재료가 곧바로 아침 식탁에 올라간다는 점에서 매니저님들이 엄청난 자부심을 느끼셨습니다.

물류센터가 자동화되어 있다기보다는 인력에 많이 의존한다는 느낌을 받았습니다. 신선식품이라는 특성 때문에 그런 걸까요? 아니면 비용 때문일까요?

사실은 둘 다입니다. 자동화의 경우 유연성이 떨어진다는 게 가장 큰 약점이었습니다. 우리의 매출이 1년 후에도 똑같을 것인가, 그 매출을 구성하는 SKU도 동일할 것인가, 세부적인 SKU마다 중량 등의 속성이 변하지 않을 것인가를 따졌을 때 이 세 가지 모두가 흔들리는 상황입니다. 또한 자동화가 되면 같은 면적에서 처리할 수 있는 물량이 적어지고요. 그렇지만 여기서도 분명 자동화를 할 여지가 존재하는 만큼 2020년 하반기에 문을 열 김포 물류센터에서는 한 번도 시도해보지 않은 자동화를 계획하고 있습니다.

한 번도 시도해보지 않은 자동화라는 게 어떤 의미일까요?

이런 다이내믹한 비즈니스에서는 자동화의 모든 공정을 출고량과 상품 속성에 맞게 다시 설계해야 합니다. 같은 설비를 사용해도 배치를 다르게 한다든지, 소프트웨어를 다르게 구성하는 식으로 말이지요. 또한 신선식품을 다루는 저희는 물류센터의 온도가 5℃ 아니면 영하 20℃로 유지돼야 합니다. 하지만 기계는 18~30℃에서 가장 안정적으로 돌아가니 그 스펙을 다시 잡기 위해 협력사와 무척 고생하고 있습니다.

사실 장지동 물류센터의 모습이 제게는 좀 인상 깊었습니다. 생각보다 많은 인원이 일하고 있더라고요. 말씀하신 다이내믹한 특성이 그대로 드러났던 것 같습니다. 새벽 배송을 하는 지역이 서울·수도권에 한정돼 있다 보니 땅값 비싼 곳에 물류센터를 지을 수밖에 없었고요. SKU도 계속 바뀌면서 콜드체인까지 해야 하니 이런 복잡함은 어찌 보면 필연적이었네요. '팜 투 테이블'이라고도 하지요? 농장에서 고객의 식탁까지 이동 시간을 줄이기 위해 가장 중요하게 노력하는 부분은 무엇인가요?

발주 수량을 예측하고 생산자가 당일에 생산해서 올려 보내는 상품의 수량을 매치하는 작업이 가장 중요하다고 생각합니다. 이 과정 중 하나라도 매끄럽지 못하면 결국 주문을 받아놓고 출고를 하지 못하거나, 고객의 손에 닿지 못한 채 폐기되는 상품이 생깁니다. 처음엔 물류에 경험이 있던 분들이 '이건 말이 안 된다'고 하셨습니다. 어떻게 재고도 만들지 않고 이 많은 SKU를 미리 팔겠느냐는 말입니다. 그런데 재고가 있다는 건 곧 '팜 투 테이블 24시간'을 포기하겠다는 말과 다름없습니다. 저희는 오로지 이 골든타임을 지키기 위해 맨바닥에서 프로세스를 설계했습니다. 오늘은 물고기가 많이 잡히고 있는지, 상품성 있는 크기로 분류하는 데 시간은 얼마나 걸릴 것 같은지, MD들이 이런 걸 아침마다 전화로 확인합니다. 행여 이슈가 생긴다면 물류센터에 서둘러 알려 미리 대처를 하고 미출고를 막아야 하는 것이지요. 저희가 데이터를 잘 활용하는 조직이긴 해도 마지막까지 데이터가 서포트해주지 못하는 부분도 분명 있습니다.

물류센터에서 '하루살이'로 불리는 상품들을 봤습니다. 마켓컬리에는 독특하게도 '판매기한'이라는 개념이 있다고요?

네, 아시다시피 신선식품에는 유통기한이라는 게 없습니다. 대형마트에서 시금치 한 단을 사면 '언제까지 드세요'라는 안

내가 없잖아요. 이건 곧 '알아서 신선하게 잘 보관해 드세요' 라는 의미와 같습니다. 사실 전 고객으로서 좀 무책임하게 느꼈던 것 같습니다. 이 상품이 신선한지 아닌지는 소비자가 판단할 필요가 없고, 단지 유통사에서 100퍼센트 신선한 상품만 파는 게 당연한 것이거든요. 그러려면 얼마간은 소비자의 냉장고 안에서도 버틸 수 있는 상품을 보내드려야 합니다. 저희는 상품마다 사용 패턴을 분석해 판매기한을 만들었습니다. 대부분의 채소·과일·수산·축산 등은 수확한 지 하루 이틀 안에 판매가 돼야 합니다. 한번 조리 과정을 거친 상품도 마찬가지라고 생각하고요. 판매기한을 넘긴 상품은 섭취하는 데 아무런 문제가 없다고 해도 모두 폐기하고 있습니다.

굉장히 아깝겠어요. 물론 빨리 보내는 것도 중요하지만, 배송되는 과정에서 시들지 않게 온도를 일정하게 유지해주는 것도 중요한 문제지요. 밭에서 갓 뽑아낸 시점부터 풀콜드체인을 쓴다고 하셨는데, 아무래도 가장 큰 보틀넥 Bottleneck(성장·확대를 저해하는 요인)은 고객의 문 앞일 것 같아요. 그 이슈는 어떻게 해결하고 있나요?

결국 포장입니다. 바깥 공기의 온도와 습도에 따라 종이 상자 안의 보냉재가 얼마나 온도를 유지시켜 줄 수 있느냐가 중요합니다. 저희는 1년을 여러 절기로 나눠 온도와 습도, 상품의 개별 컨디션에 따른 온도 제어 능력을 굉장히 다양한 조건에서 실험하고 있습니다.

———

그 말은 즉 매일 새벽 4~6시의 온도를 미리 체크해 보냉재를 얼마나 사용해야 할지 매뉴얼을 내려 보낸다는 말씀이군요.

맞습니다. 사실 요즘은 일기예보가 워낙 수시로 바뀌어서 하루에 두 번 정도 체크하고 있습니다.

———

최근에는 아주 큰 도전이 생겼지요? 포장은 기본적으로 파손을 잘 막아줘야 합니다. 마켓컬리에서는 온도를 잘 제어해야 한다는 점도 중요하고요. 그런데 여기에 한 가지 과제가 더 추가됐어요. 재활용이 잘되는 소재로 환경까지 지켜줘야 한다고요. 이 세 가지 딜레마, 소위 '트릴레마'를 어떻게 해결하고 있나요?

그래서 모든 포장을 종이로 하는 '올페이퍼 챌린지'가 시작됐습니다. 이전에도 재활용 용기를 사용해보는 게 어떻겠느냐는 의견이 있었는데요. 아무래도 저희는 신선식품을 주로 다루다 보니 위생 문제를 떼놓고 생각할 수가 없었습니다. 아무리 신경 써서 세척한다고 해도 예기치 못한 문제가 생길 수 있고, 그때 제어를 잘할 자신이 없더라고요. 품질을 잘 지켜주면서 동시에 100퍼센트 자연 순환이 되는 재질을 고민하다가 종이를 연구하게 되었습니다. 무엇보다 저희의 존재 자체가 환경에 악영향을 끼쳐선 안 되는 거니까요. 소비자가 원했던 것도 있지만 환경에 대한 고민은 생산자 입장에서도 피부로 느껴지던 것들이었습니다. 한 해가 다르게 농사짓기가 힘들어지고, 특정 작물은 아예 우리나라에서 기를 수 없을 만큼 기후변화가 심해졌습니다. 그 말인 즉, 더 많은 비료와 더 많은 농약에 의존하지 않으면 더 이상 작물을 기르지 못한다는 뜻입니다. '우리 상품을 신선하게 보내는 일도 중요한데, 오늘 이렇게 스티로폼을 많이 쓰다간 내년에 농사짓기가 더 힘들어질 텐데…' 하는 생산자의 죄책감을 알기에, 원가에 대한 고민보다는 최대한 친환경 형태로 세심하게 구현하려고 노력했습니다.

티라미수 포장에 관한 일화가 참 인상 깊은데요. 단지 깨지지 않는 수준이 아니라 상자 자체가 기울어져서도 안 되는 문제인 거잖아요. 한편으로 '이런 상품은 안 팔아도 되지 않을까' 하는 생각을 했어요. 배송하는 분들도 그렇고 너무 힘들지 않나요?

맞습니다. 케이크 같은 경우는 저희도 '재앙적 데미지'라고 표현하고 있습니다. 배송 매니저님들의 앱에도 '이 집에 오늘 케이크가 갑니다' 하고 알림이 쓰여 있을 거예요. 하지만 이런 상품을 하나씩 거르다 보면 저희가 팔 수 없는 상품이 너무 많아지는 것 같습니다. 이걸 포기하기보다는 케이크가 살짝 쏠려서 왔다는 VOC를 읽고 다음번 배송에서는 어떻게 해결할지 고민하는 게 저희의 문화와 더 가깝다고 생각합니다.

_____

역시 VOC에 관한 이야기가 빠질 수 없네요. 배송을 마쳤다고 해서 업무가 끝나지는 않지요? 고객행복센터 직원들이 해피콜을 진행한다고 들었습니다. 특히 요즘에는 모르는 번호로 걸려온 전화를 잘 받지도 않는데, 특별히 이렇게까지 하는 이유라도 있나요?

팀 이름에서 짐작하시겠지만, 이미 들어온 VOC만을 처리해서는 늦는다고 생각했습니다. 문제가 생기기 전에 여쭤보고 선제적으로 대응하는 게 해피콜의 목표였습니다. 물론 귀찮아하는 분도 많아서 요즘에는 카카오톡이나 문자 서비스를 이용하고 있습니다. 사실 평소에는 크게 관심을 주지 않으세요. 하지만 식품 이슈가 생기거나 할 때면 저희의 이런 점 때문에 신뢰하고 구매해주신다는 말씀을 많이 하십니다. 특히 서비스를 오래 이용하신 로열 고객들이 이 시스템을 굉장히 좋아하십니다. 저희는 이로써 하나의 완결된 서비스가 구현된다고 믿고 있고요. 실제로도 이렇게 전해진 의견이 여러 부서에 공유되면서 지속적으로 답을 찾는 과정을 밟아나가고 있습니다.

_____

고객행복센터가 문제를 계속해서 해결나가도록 사내에 과제를 던져주는 셈이군요.

맞습니다. 어떻게 보면 고객행복센터는 모든 부서와 가장 활발하게 소통하는 조직입니다. 고객을 가장 많이 아는 팀인 만큼 타 부서에서도 의견을 꽤 진지하게 받아들입니다. 저만큼이나 여러 부서를 돌아다니며 바쁘게 협업하는 팀이라고 할 수 있습니다.

제가 굉장히 높이 사는 부분인데요. 대기업일수록 영업하는 조직을 따로 두는 경우가 굉장히 많습니다. 심지어 별도 법인으로 독립시키기도 하고요. 그러면 곧 영업 조직은 R&D나 상품개발, 마케팅 조직과 소통할 길을 차단당하게 됩니다. 결국 서로 벽을 쌓게 된다는 의미예요. 개발팀에선 '우린 잘 만들었으니 알아서 팔라'고 하고, 영업팀에선 '팔 수 있는 물건을 만들어야 팔지'라며 서로 책임을 전가해요. 결국 그렇게 되지 않으려면 개발 단계부터 영업 조직이 최전방의 의견을 가감 없이 소통할 수 있어야 한다고 생각합니다. 오늘의 마켓컬리를 있게 한 건 고객 관련 부서가 타 부서에 기반이 되어주는 문화 때문이 아니었나 싶은 대목입니다.

PART 5

조직문화

Yield to Autonomous Synergy

자율적 시너지 조직

Keeping Customer Values

Utmost Suppliers' Interests

Realizing Detail Management

Last Fit Maximization

Yield to Autonomous Synergy

마켓컬리가
일하는 방식

이 책의 마지막 주제는 마켓컬리를 만들고 움직이는 사람들과 그들이 일하는 방식이다. 마켓컬리 사람들을 만나 이야기를 해보면 그가 오래 일했든 새로 입사했든, 팀의 리더이든 아니든 다른 조직에 비해 "내 일은 내가 한다"라는 책임감과 자부심이 무척 강하다는 것을 느낄 수 있다.

어떤 직원 혹은 부서에 할당된 업무를 흔히 '역할과 책임(Roles and Responsibilities, R&R)'이라고 한다. 보통은 회사 전체의 탑Top에서 또는 소속 부서의 팀장이 정해주는 방향과 범위 내에서 자기 R&R을 수행해야 한다고 여긴다. 하지만 마켓컬리에서는 구성원 전체가 '내가 정말 중요한 일을 하고 있다'는 생각을 갖고 업무에 임한다. 그래서인지

상품위원회 이후 의견을 교환하고 있는 마켓컬리
직원들. 이들은 자신이 담당한 일이 아닐지라도 고
객에게 옳은 일이라고 판단하면 적극적으로 의견을
개진한다.

다른 부서의 일도 가리지 않고 자기 일처럼 달려든다.

———

"보통의 회사에서는 이것저것 고민해서 기획을 해도 결국 상급자의 의견이나 정해져 있는 답안대로 흘러가는 경우가 많다. 하지만 우리는 각자의 의견을 갖고 상품을 논하며 이를 토대로 의사결정한다는 게 업무하면서 실제로도 느껴진다. 이런 점이 쌓이다 보니 차별화되는 부분들이 점점 더 커지는 것 같다."

- MD 담당자

마켓컬리는 커다란 자본이 투하되거나 특화된 기술로 '위에서부터 아래로' 만들어진 회사가 아니다. 새로 진입할 여지조차 보이지 않는 레드오션에서 백지상태로 출발해 '바닥부터 돌탑을 쌓듯' 지금의 성공을 일궈온 스타트업이다. 적은 수의 직원 모두가 이처럼 자율적이고 적극적으로 업무에 임하지 않았더라면 가능하지 않았을 일이다. 그러니 아래와 같은 발언이 이어지는 것도 어쩌면 당연한 일이다.

———

"다들 맡은 업무에 대한 오너십Ownership이 강한 편이다. '내 직급에 맞게 이정도만 하면 된다'가 아니라 '내가 맡은 일은 이것이고, 이 일을 잘하기 위해서는 이렇게 해야겠다'고 생각하는 것이다."

- 크리에이티브 담당자

"친구들과 각자가 하는 일에 대해 이야기를 나눈 적이 있다. 나는 포장 상자를 기획하는 업무를 한다고 하니 다들 놀라기도 하고 신기해하기도 했다. 모두들 사회 초년생이라 회사에서 대부분 복사나 문서 정리 같은 단순 업무를 하고, 그에 대한 불만이 다 있었다. 마켓컬리는 다른 회사들과는 다른 것 같다. 내가 하고 싶은 일을 빨리, 많이 해볼 수 있다."

- 패키징 담당자

"예전에 다니던 회사를 그만둔 이유가 있었다. 경직되고 틀에 박혀 있어서 그냥 정해진 것만 하고 퇴근하면 되는 일이었다. 그런데 실은 그게 더 힘들었다. 지루하고 정체돼 있다는 생각이 컸다. 여기서는 무엇보다 능동적으로 움직일 수 있다는 점이 좋다. 예전 회사는 그냥 '갔다 오면 되는 곳'이었지만, 여기서는 '내가 없으면 어떡하지?'라는 생각을 할 만큼 일에 애착을 갖게 되었다."

- 오퍼레이션(배송) 담당자

"고객의 목소리 하나하나를 이렇게 미시적으로 들어본 적은 없었던 것 같다. 고객 한 명이 '이거 너무 불편해요'라고 하면 온 회사가 달라붙어서 그것에 대해 깊이 고민한다. 그래서 고생하는 순간도 분명 많긴 한데, 그 과정에서 느끼는 뿌듯함도 정말 크다."

- 고객커뮤니케이션 담당자

이러한 마켓컬리의 가치관과 사고방식을 '자율적 시너지 조직'이라는 말로 표현했다. 여기서 '자율적Autonomous'이란 직원 모두가 직급을 가리지 않고 자기의 역할과 책임, 즉 R&R 안에서 스스로 책임지며 의사결정을 내릴 수 있을 만큼 자율성을 갖고 있다는 뜻이다. '시너지 Synergy'는 그처럼 직원들 각자가 자기 판단을 내리면서도 다른 부서와 업무 장벽을 만들지 않고 꾸준히 협업하며 조직 차원에서 상승효과가 발생할 수 있도록 일한다는 사실을 표현한다. 지금부터 이 자율적 시너지에 해당하는 여러 사례를 살펴보기로 하자.

자율적 시너지를 만드는
네 가지 원칙

"일단 빨리 시도하고 안 되면 바꾼다."

마켓컬리 직원들은 초창기부터 '퀵하게'라는 말을 굉장히 많이 썼다. 급박한 현장에서는 즉각적인 대응과 결단을 통한 '일단 수습'이 무엇보다 중요하기 때문이다. 고객이 오늘 겪은 불편은 내일 고쳐져야 한다는 것이 하나의 원칙이다. 또한 계획된 일만 처리해서는 오히려 일이 계획대로 돌아가지 않는다는 걸 너무 잘 알고 있다. 그래서 업무 현장, 특히 물류센터 같은 곳에서는 거의 '야전'을 치르듯 '퀵하게' 일이 돌아가곤 한다.

물류센터에서는 매일 30분씩 미팅을 한다. 빠르게 개선해야 할 사안들에 대해 논의하고 판단하는 회의다. 미팅 시간을 30분으로 한정한 이유는 '30분 내에 바꿀 수 없다면 오늘 바꿀 수 없다'는 생각에서다. 이 30분 동안 물류센터 직원들은 포장·배송 과정에서 발생한 문제가 무엇 때문인지를 찾고, 어떻게 해결할 수 있는지 대응책을 마련한다. 즉각적으로 개선할 수 있는 것들은 그날 바로 시도해본다. 빨리 해보고 안 되면 또 바꾸는 식이다. 현장에서는 언제나 말보다 액션이 앞서야 하고, 그 실행에 대해서는 주어진 시간 동안 책임을 다한다.

한번은 주문량이 갑자기 늘어나 교대 근무 시간 안에 물량을 다 소화하지 못하는 상황이 생겼다고 한다. 추가 근무를 결정해야 했는데 자칫하면 회사에 한 달간 몇천만 원의 비용이 발생할 수 있는 문제였다. 현장에서는 윗선의 결정을 기다리지 않고 바로 "그렇게 하자"라는 결정을 내렸다. 이런 결정을 이토록 빠르게, 그것도 독자적으로 내릴 수 있는 조직은 많지 않다. 물론 순간적으로 잘못된 판단을 할 수도 있다. 그렇다면 다시 되돌리면 되는 일이다. 모든 결정은 선의로 내린다는 신뢰가 있기에 누구든 책임지고 재량껏 결단할 수 있는 것이다.

이 같은 맥락에서 대표가 낸 의견에도 '고객에게 옳은 일'이 아니라는 판단이 서면 서슴지 않고 반론을 제기하는 문화가 정착돼 있다. '고객 지향'이라는 목표가 직원들의 머릿속에 분명하게 새겨져 있기에 가능한 일이다. 그들은 행여 의사결정의 속도로 인해 고객에게 미칠 긍정적인 효과가 줄어든다면 과감하게 프로세스를 바꾼다. 이미 정착된 제도 역시 고객에게 악영향을 끼칠 만하다고 판단되면 이를 바로잡고 그 과정이 당연하다고 믿는다. 이처럼 회사의 철학에 공감하는 직원들이 자율적으로 움직인다는 것은 조직 운영의 관점에서 봤을 때 엄청난 자산이다. 직원들에게 권한을 이양해도 그들이 회사 차원에서 옳은 결정을 내려주기 때문에 커뮤니케이션 비용을 크게 아낄 수 있어서다.

그렇다면 마켓컬리가 일하는 방식을 어떻게 일반화시킬 수 있을까? 스타트업 특유의 열정을 발휘하게 한 조직문화 원칙을 네 가지로 정리해봤다.

① 불필요한 건 없애고 핵심에 집중한다

회사에서 업무를 처리하다 보면 '일을 위한 일' 또는 '보고를 위한 보고'에 시간을 쏟는 경우가 많다. 이러한 업무만 줄여도 인력 관리의 효율을 크게 높일 수 있다. 요즘은 많은 회사에서 시도하는 노력이지만, 마켓컬리 역시 과도한 문서 작업을 지양하고 있다. 프레젠테이션 파일은 거의 쓸 일이 없고 회의 자료 역시 공유가 필요한 핵심 사항만 담는다. 모두 노트북을 들고 회의에 참석하므로 문서를 별도로 프린트할 필요가 없으며, 앉은 자리에서 바로 파일을 확인해 공유하며 새로운 내용을 각자가 업데이트한다.

이 같은 업무 방식을 추진하려면 최대한 간결하고 원활하게 정보를 공유할 커뮤니케이션 채널이 필수적이다. 마켓컬리에서는 업무 공유를 위한 여러 시스템을 목적에 맞게 사용하고 있다. 전사적으로 사용하는 공식적인 그룹웨어가 있고, 각자의 업무 일정은 구글 캘린더를 통해 공유한다. 필요에 따라서는 실시간으로 업무 의견을 나누는 메신저 형태의 '슬랙Slack'을 활용한다. 이 슬랙은 요즘 스타트업계에서 많이 사용하는 플랫폼인데, 회의 자료를 포함해 필요한 파일을 그때그때 공유하기에도 유용하다.

경영의 관점에서도 핵심에 집중하는 문화를 만들기 위해 지속적인 노력을 하고 있다. 비단 회의 자료뿐만이 아니라 각종 제출할 문서나 증빙 서류는 최대한 간소화하고 단순화하고 있다. 큰 기업에서는 이런 문서나 서류가 업무 효율을 크게 저하시킨다고 생각하지 않는 경향이 있다. 또한 부정 방지나 향후 책임 소재를 명확히 하기 위해서도 반드시 필요한 일이라고 여긴다. 하지만 이런 형식적인 절차인 '레드 테이프Red Tape'가 많아지다 보면 어느덧 업무의 본질은 뒷전이 된 채 '절차 준수와 근거 서류 확보'가 업무의 중심이 될 때도 많다. 이 같은 일을 제도적으로 막고 직원들이 핵심에 집중할 수 있는 여건을 만들어주는 일이 선결돼야 하는 이유다.

② 수시로 팀을 만들고 언제든 협업한다

마켓컬리에서는 수시로 TF Task Force(임시적인 업무추진팀)가 만들어진다. 누군가 하나의 안건을 던지면 그 문제를 풀기 위한 TF가 형성되고 부서를 아우르는 협업이 이뤄지는 것이다. 한번은 TF의 성과로 재무팀 직원 한 명을 고용한 것과 같은 효과를 거둔 적도 있었다.

"재무팀에는 매일 입고되는 상품의 리스트를 취합해 판매·재고 데이터를 업데이트하는 담당자가 있었다. 그런데 그 데이터를 모두 수기로 처리하다 보니 어려움이 많았다. 이 같은 제보를 받은 개발팀은 곧바로 판매·재고 데이

터의 일괄 업데이트 기능을 개발했다. 실질적으로 해당 직원이 맡고 있던 업무 자체를 프로세스 개발로 바꾼 것이다. 그렇게 한 사람의 '워킹 아워Working Hour'가 확보되면서 해당 직원은 보다 효율적인 업무를 맡을 수 있게 되었다. 개발자 입장에서는 사소한 일이었지만, 실무자에게는 매우 큰 영향을 주는 일이 있다는 걸 깨달은 순간이었다.

- 프로덕트 담당자

마켓컬리에서는 이처럼 다양한 형태의 TF를 통해 새로운 시도와 사내 협력이 계속 이루어진다. 조직이 오래되고 비대해질수록 필연적으로 다른 부서에서 자기 부서의 일에 관여하는 걸 극도로 꺼리게 되는데, 마켓컬리는 수시로 TF를 결성해 부서 간 시너지를 만들고 있다.

———

"마켓컬리에 입사했을 무렵 장지동 물류센터가 막 문을 열었다. 물량은 쏟아지는데 인력은 부족하다 보니 자주 현장으로 가 일손을 돕곤 했다. 사실 그동안은 데이터를 기준으로만 상품을 보아왔지, 이 상품이 뜨거운지 차가운지, 무거운지 가벼운지는 크게 신경 쓰지 않았다. 그런데 현장에서 상품을 다른 관점으로 보다 보니 굉장히 큰 충격을 받았고 겸손해지는 기분이었다. 회사의 모든 시스템이 엄청난 협업으로 돌아간다는 걸 새삼 알게 된 순간이었다."

- 데이터농장 담당자

앞선 직원의 말처럼 마켓컬리가 그동안 만들어온 성과는 모든 부서가 협업한 결과다. 개개인의 특출한 능력보다는 조직 안에서 만들어낸 여러 사람의 시너지가 지금의 마켓컬리를 이끌었다고 말할 수 있다.

③ 직급은 없다, 존중만 있다

마켓컬리에서는 그 누구도 직함으로 불리지 않는다. 서로가 서로의 이름 뒤에 '님'자만 덧붙인다. 김슬아 대표의 영어 이름은 '소피Sophie'이다. 이 책을 쓰기 위해 마켓컬리 담당자와 메일을 주고받던 중 "소피와의 인터뷰는…"이란 표현이 있어 놀란 적이 있다. '님'자마저 생략된 데다 존대도 하지 않았기 때문이다. 요즘은 호칭을 파괴하는 회사가 많지만 그저 '○○ 님'이라고 부를 뿐 조직의 위계는 그대로 남아 있는 경우가 많다. 하지만 마켓컬리 측의 이메일을 받고서는 생각했다. "여기는 진정한 의미에서 수평적인 조직문화가 자리 잡은 곳이구나" 하고 말이다.

마켓컬리도 지금은 조직이 커져서 시니어 리더·리더·매니저·스태프라는 직책 구분이 생기기는 했지만 여전히 수평적인 조직문화를 유지하고 있다. 임원급 리더들도 자기 방이 따로 없이 모두가 같은 데스크에서 똑같이 일하고 있다. 김슬아 대표의 자리는 고객커뮤니케이션팀 담당자들 사이에 섞여 있는데, 처음 온 사람은 어디가 대표 자리이고 어디가 스태프 자리인지 구분할 수 없다. 그마저도 김 대표는 지하 3층 회의실에서 하루의 대부분을 보낸다. 회의실만 이 방, 저 방 옮겨다녀도 하루가 부족하다 보니 '대표이사실'이 따로 필요가 없다는 것이다.

서로가 이름을 부를 때 생겨나는 장점은 분명하다. 의견을 나누거나 논의할 때 직급을 의식하지 않고 각자의 의견 자체에 더 집중할 수 있다. '이사님이 얘기하는 데 반대 의견을 앞세우면 안 되겠지?' 하는 주저함을 줄일 수 있고, '저 친구는 내 얘기에 정말 공감해서 고개를 끄덕이는 걸까?' 하고 의구심을 품지 않아도 된다. 나는 지금껏 설명한 마켓컬리의 자율적·즉각적·핵심적·전사적 사고가 수평적인 문화 안에서 자연스레 진화했고, 그 결과 서열 파괴의 문화가 정착되지 않았을까 하는 생각을 했다. 일은 직급이나 직책이 하는 게 아니라 사람이 하는 것이고, 그 사람이 어떻게 일하느냐는 결국 조직의 문화에 달려 있기 때문이다.

앞서도 말했듯이 요즘은 많은 기업에서 호칭과 서열 파괴에 관심이 많다. 하지만 이런 시도에는 두 가지 고려가 반드시 필요하다. 첫째, 업무의 성격에 어울리는지를 따져봐야 한다. 어떤 회사는 개인의 자율성과 창의를 중요시하지만, 어떤 회사에서는 일사불란한 단합과 실행력이 필요할 수 있다. 한 조직 안에서도 부서마다 이 같은 성격이 구분되기도 한다. 모든 업무와 부서에서 직급·호칭 파괴가 무조건 선(善)은 아닌 것이다. 둘째, 직급과 호칭의 파괴만으로 수평적 조직문화를 만들 수 있다고 오판해선 안 된다. 물론 이런 제도 자체가 수평적이고 자율적인 사고를 형성하는 데 장기적으로 도움이 될 수는 있다. 하지만 조직 안에 남아 있는 권위주의적 관행을 개선하는 작업은 여전히 필요하다. 호칭은 원인이 아닌 결과인 셈이다.

④ 타운홀에 모여 함께 시너지를 만든다

마켓컬리는 매달 셋째 주 목요일 '타운홀Town Hall 미팅'을 진행한다. 전 직원이 모여 사내 주요 이슈를 공유하고 가볍게는 신입 직원들과 각 팀을 소개하는 시간을 갖는다. 임직원이 급증해 업무가 세분화되고 사내에서도 담당자를 쉽게 찾기 어려워지면서 이런 시간이 꼭 필요했다고 한다.

타운홀 미팅의 가장 중요한 기능은 투자 소식·임금 협상·신규 광고·홈페이지 개편 등에 관한 정보를 공유하고 자유롭게 토론하는 일이다. 대표적인 이슈를 두고 직원들 사이에서 질문이 나오면 이에 답해주는 시간을 갖기도 하고, 회사의 중요한 방향성에 대해 공지를 하기도 하며, 각 팀에서 진행하는 일이나 성과를 공유하기도 한다. 처음으로 일 매출 10억 원을 달성한 2018년 11월 22일처럼 특별한 날을 기념하며 피자와 맥주 파티를 열기도 한다. 외부 사람이 보기에는 별것 아닌 자축 파티일 수도 있지만, 0에서 시작해 10억 원, 100억 원을 만들어간 과정은 서로에게 큰 의미가 되었음이 분명하다.

이렇게 얼굴을 맞댄 행사만 있는 것은 아니다. 직원 간의 긴밀한 소통을 장려하기 위한 제도도 많다. 예컨대 '커피챗Coffee-chat'은 리더와 스태프가 회사 밖 커피숍에서 일대일로 만나 사무실에서는 나누기 힘든 이야기를 허심탄회하게 공유하는 시간이다. 이 밖에도 타 부서와 함께 회식을 진행하면 부서 회식 예산의 두 배를 지원하는 등 제도적으로 다양한 장치를 마련해 활발한 커뮤니케이션을 장려하고 있다.

이런 행사를 조직이론에서는 '의례Ritual and Ceremony'라고 한다. 적절

━━ 매달 열리는 타운홀 미팅에서는 신규 입사자를 소개하는 일부터 매출과 급여 인상 등 주요 어젠
　　다에 관한 전방위적 토의까지 오픈 커뮤니케이션으로 이루어진다.

한 의례는 조직 구성원의 자부심과 단합을 형성하는 기능이 있다. 마켓컬리의 설립자들이 이런 의례 개념을 염두에 두고 타운홀 미팅이나 커피챗을 만든 건 아니겠지만, 현재 시행되고 있는 조직적 의례와 직원들이 일하는 방식은 상승작용을 일으키며 그들만의 고유한 조직문화를 만들어냈을 것이 분명하다. 새로운 조직문화를 도모하는 경영자들이 다방면에서 참고할 부분이라고 생각한다.

마켓컬리
사람들

책을 마무리하기 전에 마켓컬리를 만들어가는 사람들의 개인적인 면면을 잠시 살펴보기로 한다. 신생 회사인 마켓컬리에는 기존에 유통업에서 경력을 쌓지 않고 전혀 엉뚱한 이력을 갖고 입사한 직원이 많다.

창립 멤버인 김슬아 대표와 박길남 이사를 제외하고 마켓컬리에 첫 번째 직원으로 입사한 MD는 그전까지 일본계 화학 회사를 다녔다고 한다. 이 같은 독특한 이력 덕에 그는 마켓컬리가 기존 유통과는 다른 관점에서 상품을 정의하기까지 활기찬 동력이 되어주었다. 그 밖에도 호텔 셰프 출신 MD가 있고, 마켓컬리 고객 행사에서 자신을 적극적으로 어필해 입사한 카피라이터도 있다.

무엇보다 마켓컬리 직원 중에는 음식을 좋아해서 혹은 식품에 관심이 많아서 입사한 사람이 많다. 상품 기획 경력도 없고 유관 전공자도 아니지만 오로지 음식과 식품을 향한 열의로 마켓컬리에 입사해 수많은 경험을 쌓고 성장한 MD들이다. 상품마다 공부를 철저히 하면서 엄격하게 품질을 챙기다 보니 결국에는 생산자에 버금가는 전문성을 보유하게 되었다.

———

"유통을 하는 사람이 그런 것도 알아요?"

MD들이 공급사를 만나면 자주 듣는 말이다. 앞서 마켓컬리의 첫 PB 상품인 우유를 론칭할 때의 과정을 설명하기도 했지만, 당시 담당 MD는 회사 안팎에서 '우유 박사'로 통할 정도였다. 이처럼 MD가 사전에 공부를 깊이 하면 공급사의 시선도 달라진다. '여기는 준비가 잘되어 있구나'라고 느끼기에 서로 소통을 하며 아이디어도 많이 나오고 이야기가 풍성해지는 것이다. 상품을 기획하는 과정 자체가 즐거워지면서 결국에는 좋은 결과로 이어지는 선순환이 생기기도 한다.

많은 직장인이 되도록 자사의 제품을 사용하고자 한다. 애사심 때문이기도 하고, 사내 분위기도 한몫할 수 있다. 마켓컬리도 예외는 아니다. 특히 음식에 관심이 많은 사람들, 온라인 쇼핑을 즐겨 하는 사람들이 많이 모여서인지 유독 열성적으로 자사 제품을 사용하는 '헤비 유저Heavy User'가 많은 회사다. 매일 새벽, 회사 건물 앞에 즐비하게 쌓이는 배송 상자만 봐도 알 수 있다. 각자가 주문한 '마켓컬리표 도시락'

을 챙겨 들고 회의실에 모여 점심을 차려 먹는 것이다.

─────

"제휴사 담당자나 기자를 만나면 추천 상품에 관한 질문을 종종 받곤 한다. 그때마다 실제로 사 먹어본 뒤에 좋다고 생각했던 것들을 추천한다. 길을 지나가다가도 '이 집 제품 우리도 팔았으면 좋겠다'는 생각이 들면 명함을 받아다가 MD에게 건네준다. 오지랖이긴 한데, 이렇게 일하는 과정이 즐겁기도 하다."

— PR 담당자

개발팀에서도 '아, 내가 마켓컬리 고객이지' 했던 순간을 이렇게 회고한다.

─────

"시스템상 샛별배송이 문제없이 돌아가야 한다는 게 우리 업무의 가장 큰 목표다. 그런데 돌발 상황은 늘 밤중에 발생한다. 하루는 집에서 연락을 받고 새벽까지 버그 제보를 해결하고 있었는데, 현관문 앞에서 '덜컹' 하는 소리가 들렸다. 나가 보니 샛별배송이 와 있던 거다. '아, 내가 이걸 받기 위해서 문제를 해결하고 있구나' 하는 생각이 들었다. 나를 위해서 시스템을 해결하고 있다는 기분을 그때 처음 느꼈다."

— 물류센터 시스템 개발 담당자

우리나라의 기업문화에서 자기 회사의 상품을 주로 이용한다는 건 당연한 일처럼 보일 수도 있다. 하지만 각자가 고객의 입장에서 VOC를 만들고 다른 부서에 일일이 의견을 내는 일은 흔하지 않다. 가볍게 식사하면서 "개발팀에서는 이런 것 좀 잘해보라고 그래" 하며 농담조로 말하는 게 보통이다. 조직이 커서 그럴 수도 있지만, 앞서 말했듯이 다른 부서의 일에 관여하는 게 금기시되어서이기도 하다. 누구보다 애정 어린 고객으로서 조직 내부의 VOC가 살아 있다는 것, 바로 이것이 이 책에서 조직문화를 논하며 꼽을 수 있는 마켓컬리의 가장 큰 장점이라고 말할 수 있다.

작은 맺음말

파트 3에서 구성원의 수가 늘면 조직은 '성장통'을 앓기 시작하고, 이것을 어떻게 극복하느냐가 회사를 도약시킬 수 있는 중대한 변곡점이라는 말을 했다. 마켓컬리 역시 그 변곡점을 넘어서고 있다. 회사가 성장하는 과정에서 '어떻게 하면 조직을 건강하게 키워나갈 것'인지에 대한 고민과 어려움도 함께 늘어나고 있는 것이다.

'마켓컬리의 직원들은 어떤 성향의 사람들일까?'

'마켓컬리는 어떤 사람들이 무엇을 위해 일하는 곳인가?'

'마켓컬리는 어떤 인재상을 추구하는가?'

마켓컬리가 현재 스스로 내린 답은 "우리가 하는 일에 선의를 가지고 있어야 한다"라는 것이다. 공급사와 함께 일하고, 고객을 향해 서비스하는 비즈니스에서 '선하다는 것'은 매우 중요한 가치다. 나아가 수시로 생기는 여러 문제에 반복적으로 대응하며 개선해야 하는 상황이 많기 때문에 매일매일 노력하는 끈기도 중요하다.

마켓컬리가 지향하는 인재상은 '이게 정말 최선인가? 여기까지가 전부인가?'라고 물을 수 있는 사람이다. 아주 당연하게 느껴지는 부분에 대해서도 다르게 볼 수 있는 사람이 모여 일하는 곳이다. 그래서 신규 직원을 뽑을 때도 다음의 두 가지는 꼭 중요하게 본다고 한다. 하나는 "왜 이 일을 하고 싶어 하는가?", 또 다른 하나는 "인생에서 가장 중요하게 생각하는 가치가 무엇인가?"이다. 업에 대한 동기가 명확하게 세워져 있다면, 그리고 선한 가치와 뜻을 지니고 있다면 일은 그냥 '하면 된다'는 것을 그동안의 구성원들이 몸소 보여주었기 때문이다.

체계가 잘 잡힌 큰 회사의 조직 관리 담당자들이 보면 이들의 규모나 방식은 아직 초보적인 단계일지도 모른다. 마켓컬리도 자신에게 가장 취약한 부분이 '조직 관리'라고 이야기한다. 그래서 2018년에는 연세대학교 연구원들과 조직 문제에 관한 조사를 진행하기도 했는데, 설문을 통해 구성원들의 성향을 분석하고 직원 간의 상호 관계가 조직의 건강도나 일하는 방식에 어떤 영향을 주는지를 판단하려고 했다. 연이어 조직에 관한 직원들의 만족도 조사도 진행하며 그들의 의견을 듣고 더 나은 조직문화를 만들기 위해 그 나름의 노력을 기울이고 있다.

마켓컬리는 스스로 조직이 당면한 문제점을 잘 인식하고 있다. 이제 겨우 만 5년을 바라보는 회사다. 회사원으로 치면 아직 대리도 안 된

연차다. 이미 그런 대리급의 회사가 회장님급의 경쟁사를 깜짝 놀라게 했다. 이어서 마켓컬리가 자신들이 꿈꾸는 그 이상으로 도약하기 위해서는 언제나 그렇듯 답은 '초심'에 있다.

마켓컬리에 대표가 이름을 모르는 직원이 훨씬 더 많아지더라도, 첫 마음처럼 그대로 함께 핵심에 집중하면서 시너지를 만들 수 있는 조직으로 나아가기를 바란다.

1 타운홀 미팅 직전 각자가 맡은 프로젝트에 대해 토의를 하고 있는 데이터농장팀.

2 리스크매니지먼트(RM)팀이 이전 주에 다녀온 공급사 실사 결과를 공유하며 위클리 미팅을 하고 있다.

타운홀 미팅을 비롯해 내부 회의와 공급사
미팅 등이 이루어지는 마켓컬리 본사 지하
3층의 미팅룸. 김슬아 대표의 하루 일과도
이곳에서 거의 이루어진다.

김난도 × 김슬아 대담

Column 마지막 대담에서는 마켓컬리의 조직문화와 비전에 대한 대화를 나눴다. 마켓컬리의 직책 시스템은 수평적 의사소통을 중시하는 스타트업의 문화와 업무의 위계와 분장이 중요한 유통업의 필요를 어떻게 조화시키고 있을까? 대표의 리더십은 어떤 스타일이고, 마켓컬리가 추구하는 인재상은 어떤 모습일까? 대표가 강조하는 '장기적 탐욕'이란 어떤 의미일까? 큰 조직에서도 참고할 만한 조직 관리의 인사이트가 가득 담긴 답변을 들을 수 있었다.

아울러 많은 분이 마켓컬리의 상장(IPO) 계획, 인수합병에 대한 루머, 사업 규모의 확장 계획에 대해 궁금해한다. 그에 대해서도 김슬아 대표가 솔직하게 대답해주었다. 직접 확인해보시기를.

김난도 대표님께 말버릇이 하나 있다는 거 알고 계시나요? 아주 독특한 게 "그렇습니다"라는 표현을 굉장히 자주 쓰신다는 거예요. 일단 상대의

의견을 수긍한 뒤 그다음 대화를 이끌어가는 방식이거든요. 이것이 단순한 말버릇 차원이 아니라 마켓컬리의 문화와 맥락이 통하는 지점이라고 생각합니다. '고객은 항상 옳다'는 명제 아래 '그렇습니다' 하고 일단은 인정하면서 해결책을 찾는 습관이 말에도 배어 있는 것 같아요.

김슬아   그렇습니다(웃음). 사실 저희 조직 안에서도 각자가 다 맞는 말씀을 하십니다. 제가 업무적으로도 도와드릴 게 딱히 없어서 그런 것 같습니다. 저보다 훨씬 많이 알고 일을 잘하는 분들이거든요. 다만 가끔은 본인 업무에 너무 몰두해서 큰 그림을 놓칠 수 있으니 제 역할은 '부분 최적화'가 아닌 '전체 최적화'의 방향으로 차마 신경 쓰지 못한 부분을 챙겨드리는 일이라고 생각합니다.

———

상품위원회를 볼 때도 느꼈지만 마켓컬리는 대표님의 리더십으로 나아가는 조직 같습니다. 그런데 또 한편으로 의사결정 과정이나 토론 과정에서 직원들이 대표님께 전혀 기죽지 않는 것처럼 보여요. 단지 '소피'라고 영어 이름을 부르는 걸 넘어서서요. 어떻게 보면 굉장히 모순된 현상인데 실제로는 어떻게 생각하시나요?

적어도 저는 그렇다고 믿고 있습니다. 그래도 아주 솔직하게 말씀드리자면, 이 회사에서는 제가 대표라는 걸 모르는 직원은 없기 때문에 '완전히 편안하게 소통한다'고 말하는 것 자체가 거짓말이라고 생각합니다. 그럼에도 불구하고 스스럼없이 의견을 나눌 수 있도록 여러 자리를 의도적으로 만들려고 합니다. 사실 그 기저에는 이 비즈니스의 본질이 있는데요. 엄청난 천재 개발자 한 명이 천만 명의 다운로드를 이끌어내는 업이 아닌 만큼, 모두의 최선이 가장 잘 반영될 수 있도록 조직문화의 방향도 많이 고민하게 되는 것 같습니다.

모두의 최선을 위한 구체적인 노력이 있다면요?

논의해볼 사안이 생기면 누구라도 아무나 소환해서 이야기를 할 수 있는 문화를 만들고 있습니다. 그게 얼굴을 보고 하는 미팅이든, 슬랙을 통한 메신저상의 의사소통이든 방법은 상관없습니다. 일단 저부터도 의사결정을 할 때 직원들을 60~70명씩 모아 각자의 생각을 들어보곤 해요. 그런데 이게 가능하려면 구조가 뒷받침돼야 한다고 생각했습니다. 가급적 직책을 최소화하려고 노력한 부분이에요. 지금은 시니어 리더·리더·매니저·스태프로 세분화되었지만, 처음에는 리더와 스태프 딱 두 가지 직책만 있는 심플한 구조를 의도했습니다. 직책이 많아지면 서로를 부를 때 또 하나의 허들이 생긴다고 생각했기 때문입니다.

시니어 리더·리더라고 호칭하는 게 상무·부장·과장이라고 부르는 것과 큰 차

이가 있을까도 싶은데요.

'무엇을 하는 사람인가'에 더 방점을 두고자 했습니다. 가끔 리더십 스타일을 얘기할 때 바다나 호수에 비유하곤 하는데요. 저는 기존의 조직문화 모델을 호수로 봅니다. 호수는 물이 들어오기는 하지만 나가지는 않지요. 개인이 정보를 딱 틀어쥐고는 이 안에서 죽이 되든 밥이 되든 뭐라도 끓여서 가끔 하나의 결과를 도출하는 형태라고 생각합니다. 하지만 바다는 물이 들어오기도 하고 나가기도 하고, 가끔 파도가 치기도 합니다. 즉, 바다에서 리더는 이 안에서 적정한 생물이 살고 생태계가 잘 발전할 수 있도록 중간중간 흐름을 컨트롤해주는 역할이라고 생각합니다. 사실 저희가 시니어 리더·리더라고는 부르지만 이분들에게 딱히 권력은 없습니다. 다만 본인의 영역에서 역할을 잘하셨으니, 이제는 한 팀의 리더로서 자신과 같은 인물을 더 많이 키워내고 전사적으로 팀에 어떤 영향을 미칠지 계속해서 고민하는 길을 열어드린 거라고 생각합니다.

해석해보면 'Power'에서 'Empowerment', 즉 파워를 행사하는 사람에서 각자에게 파워를 부여해주는 의미로 접근하신 것 같네요.

정확하십니다. 제가 점점 강조하게 되는 게 "리더가 일을 많이 한다면 그 팀은 잘 돌아가고 있지 않다"라는 것입니다. 말

쓸하신 대로 권한 위임이 충분히 되고, 담당자가 개인의 일을 열심히 하고 있다면 사실 리더는 별로 할 일이 없어야 하는 게 정상입니다. 그런데 리더 혼자서 일을 너무 많이 하거나 모든 걸 챙겨야 한다면 어디선가 어긋난 것이지요. 오히려 리더에겐 일을 더 줄일 방법에 대해 고민하라고 조언합니다.

———

제 나름대로 정의해본 마켓컬리의 조직문화는 '자율적 시너지^{Autonomous Synergy}'예요. 자율적이라는 뜻이 상부의 명령과 지시를 기다리지 않고 각자가 의사결정을 내린다는 뜻이거든요. 그런데 사실 이게 쉬운 일은 아닙니다. 시너지의 문제로 보면 '왜 자꾸 저 사람이 내 일에 관여하지?'라고 생각할 수도 있고, 자율적 관점에서는 '나 같은 신입사원이 어떻게 책임을 질 수 있겠어, 가만히 있자'가 될 수도 있기 때문이에요. 사실은 모순적인 표현이거든요. 그렇다면 어떤 인재가 마켓컬리에서 자율적인 시너지를 낼 수 있을까요? 이곳의 인재상에도 근면·성실·신뢰와 같은 말이 들어가나요?

회사 홈페이지에도 적어둔 인재상을 보면 크게 네 가지로 말씀드릴 수 있습니다. 가장 먼저 '오너십'이 있어야 합니다. 스타트업은 자원이 한정돼 있다 보니 일을 책임감 있게 완수해낼 분이 필요합니다. 두 번째는 '퀄리티에 대한 집요함'입니다. 업무에 자율성을 드리는 만큼 퀄리티에 대한 기준도 스스로 세우고 그 기준에 맞춰 노력해달라는 말씀을 자주 드립니다. 세 번째는 '변화에 탄력적인 자세'이고, 네 번째는 '배려를 기반으로 한 협업'입니다.

―――――

개개인의 덕목에는 초점을 맞추지 않았네요. 자질이 아닌 노력을 본다는 점에서 기존 회사들과는 다른 차원의 인재상을 얘기하고 있는 것 같습니다. 저도 굉장히 중요하다고 생각하는 요소가 변화에 관한 부분입니다. 제가 전공한 트렌드가 기본적으론 변화를 연구하는 학문이에요. 저는 친구들에게 항상 "난 두 가지가 없다"라고 얘기합니다. 첫째, 저는 정해진 정체성이 없고, 둘째, 저는 우기지 않습니다. 누구는 겸손해서 그럴 수 있다는데 저는 겸손의 문제가 아니라 생존의 문제라고 생각합니다. 과거에 한 성공 체험이나 자기 정체성에 얽매이지 않으려는 노력이 빠른 현대의 트렌드 시대를 살아가는 데 필수불가결한 덕목이 되었거든요. 마켓컬리가 그걸 알고 있었든 모르고 있었든, 몸소 실천하고 있었다는 생각을 해봅니다. 직원들에게 'Long-term Greedy'(장기적 탐욕)라는 말을 자주 하신다고요?

네, 골드만삭스에서 자주 쓰는 표현인데요. 회사가 단기적인 성과에 집착하다 보면 결국 장기적인 방향과 불일치하게 됩니다. 사탕이 달지만 몸에는 쓴 것처럼 말이에요. 결국 크게 잘되는 기업을 만들기 위해서는 당장은 괴롭더라도 하기 싫은 일을 많이 해야 한다고 생각합니다. 저희에겐 올페이퍼 챌린지가 그런 프로젝트였습니다. 단기적으로는 수익도 나빠졌고, 포장법을 바꾸라고 하니 운영팀에서도 다시 처음부터 세팅하느라 고생이 많았습니다. 종이 자체가 워낙 통풍이 잘돼서 보냉력도 떨어지니까 새로운 방법을 찾아야 했고요. 그런데 결국 고객들이 진심을 잘 알아주실 거라고 생각합니다. 어려운 결정을 하면서도 어떻게든 결과로 만들어내는 게 저희가 가장 잘하는 일이기도 하고요.

──────

앞으로의 계획도 듣고 싶어요. 코로나가 국내 경제에 큰 고통을 안겨줬습니다. 그러면서 동시에 여러 패러다임을 바꿔놓기도 했어요. 오프라인에서만 식료품을 사던 분들이 상당수 온라인 채널로 넘어왔다는 말이지요. 마켓컬리에도 그동안 숫자로 검증해오던 것들을 새롭게 인정받는 계기가 됐을 것 같은데요. 공모시장에 나간다거나 하는 다른 차원의 계획은 없나요?

초창기부터 투자자들과 한 가지 합의를 해온 부분이 있습니다. "우리가 공모시장에 나가는 시점은 회사가 더 이상 개인에 의존하지 않고 시스템만으로도 돌아갈 때"라는 것입니다. 공모시장에 나간다는 건 전문 지식이 없는 개인 투자자에게까지 투자의 기회가 생기는 건데, 회사가 예측 불가능해서는 안되잖아요. 마치 잘 자란 어른처럼 회사가 회사답게 돌아가는 시점이 돼야 할 텐데, 그때가 언제일까를 생각해보면 조금 더 기다려야 할 것 같습니다. 또한 음식을 먹는 방식과 생산하는 방식을 바꾸기 위해서는 유통 비즈니스뿐만 아니라 더 상위 개념을 올려다봐야 한다고 생각하고요. 꼭 공모만이 후속책은 아니라고 생각합니다. 물론 어느 시점에서는 빠르게 돈을 벌 수 있도록 회사를 효율적으로 운영해야 하겠지만, 장기적인 비전도 추구할 수 있도록 이사회와 함께 앞으로 더 치열하게 고민해야 할 것 같습니다.

───

사실 공모를 결정하는 순간 상상도 못 할 만큼의 제약이 생기고, 초기의 비전은커녕 매일매일 오늘의 주가를 확인하며 가슴을 쓸어내릴 일이 많아질 거예요. 하지만 투자를 받은 상황과 여러 가지 압박으로 인해 많은 스타트업이 공모를 하게 되는 것 같은데요. 그런 의미에서 보면 대표님은 참 운이 좋은 것 같습니다. 내친 김에 인수 제안이 없었는지도 여쭤볼게요. 사실 저는 옴니 채널[Omni-channel](온·오프라인 등 여러 경로로 상품을 검색하고 구매할 수 있도록 제공하는 서비스)을 고민하는 오프라인 유통사에 차라리 온라인 유통사를 인수하는 게 더 빠르다는 조언을 하기도 합니다. 그만큼 온라인에서 통하는 문법과 오프라인에서 통하는 문법이 다르기 때문인데요. 온라인에서 신선식품을 보강하려는 대기업에 인수 제안도 많이 받았을 것 같아요.

언론에서 무수한 소문을 다뤘지만 재미있는 사실은 실제로 소문과 같은 제안은 한 번도 없었다는 거예요. 한 사람도 없고 받은 사람도 없는데 루머만 도는 황당한 상황이었습니다.

───

이제는 그런 제안에 크게 흔들리지 않을 위치가 되었어요. 그렇다면 궁극적으로 어디에 우선순위를 두고 회사를 넓혀갈 계획인가요? 아이템을 키울 방법도 있을 테고, 배송 지역을 넓힐 수도 있을 것 같은데요.

현재로서는 배송 지역을 수도권 너머로 확장할 계획은 없습니다. 카테고리를 넓힌다거나 더 많은 고객을 확보하는 일에 집중할 생각입니다. 저희가 크게 성장했다고는 하지만 여전히 서울·수도권 지역에서의 점유율은 높은 편이 아닙니다. 여전히 아주 많은 고객이 오프라인에서 신선식품을 구매하시는데요. 저희는 이분들을 빨리 온라인으로 모셔오는 게 첫 번째 과제라고 생각합니다. 이 일이 어느 정도 한계점에 다다른다면야 지역 확장도 고려해볼 수 있지만, 세계적으로 유례가 없는 인구 밀집도를 보이는 서울·수도권을 먼저 장악하려면 시간이 꽤 걸리지 않을까 생각합니다.

말씀하시는 걸 들으면서 사실 굉장히 놀랐습니다. 보통의 사장님들은 전국으로, 세계로 사업을 확장하고 싶어 하거든요. "아, 마켓컬리가 지향점이 굉장히 분명한 회사구나" 하는 생각을 하게 됐습니다.

회사를 키우고 싶은 생각도 분명히 하고 있지만, 그보다는 고객에게 먼저 사랑받는 브랜드가 되고 싶습니다. "브랜드가 되고 싶다"라는 것은 그 안에 담긴 가치를 전하고 싶다는 뜻인데요. 저희는 마켓컬리가 단지 유틸리티로 기억되기를 바라지 않습니다. 더 편해서, 더 싸서라기보다는 지향점에 공감하고, 그 가치를 사랑해서 많이 이용하게 되는 브랜드로 키우고 싶습니다. 그래서 초대형 유통사보다는 나이키와 같은 브랜드를 벤치마킹하려고 노력하고 있습니다. 기능적으로는 운동선수에게 특화돼 있지만, 결국 모든 사람이 갖고자 하는 가치를 만들어내잖아요. 이렇게 양립할 수 없는 지점들을 묘하게 확보하면서 로열티를 만드는 기업이 되고 싶습니다.

마지막 질문입니다. 이제는 전장이 바뀐 것 같지요? 오프라인을 장악한 유통사와 진검승부를 펼쳐야 할 때가 왔습니다. 전략이 남달라야 할 것 같은데, 경쟁의 필드가 뒤바뀐 시점에서 앞으로의 각오를 듣고 싶습니다.

이제 창업한 지 갓 다섯 돌을 넘긴 회사가 교수님께 이런 질문을 받는 게 아직은 믿기지가 않고 얼떨떨합니다. 저희는 그냥 저희 방식대로 쭉 집중할 생각입니다. 어차피 대기업과는 자산 규모도 다르고 서로 잘할 수 있는 영역도 다르거든요. 오히려 문제는 저희가 대기업처럼 굴려고 할 때 발생한다고 생각합니다. 구조적으로나 문화적으로 그들과 같을 수 없다는 것을 인정하고, 마켓컬리가 처음부터 그래왔듯이 언제나 고객의 관점에서 빠르고 유연하게 생각하며 오너십을 가지고 대응할 생각입니다. '실패하면 즉각 고친다.' 앞으로도 이런 자세가 저희를 계속 먹여 살려주지 않을까 싶습니다.

EPILOGUE

코로나 이후 언택트 트렌드를 선도할 주역,

마켓컬리

"일이 잘못되면 결국 최종 책임은 제가 지니까요."

마켓컬리의 조직문화를 이야기하다가 "직원들이 현장에서 독자적으로 신속하게 의사결정을 내릴 자율성은 어디서 오는가?"라는 질문에 김슬아 대표가 한 대답이다. 혹시 일이 잘못되더라도 그 책임은 의사결정을 내린 직원이 아니라 대표가 져줄 것이기에, 직원들은 부담 없이 결정할 수 있다는 뜻이다. 이 한마디에서 나는 지금까지 마켓컬리를 만들어온 김 대표의 헌신과 책임감을 강렬하게 느꼈다.

사실 벤처투자자 대부분은 초기 스타트업에 투자 결정을 내릴 때 아이디어나 비즈니스 모델보다는 창업자의 열정을 본다. 마켓컬리 초기 투자자 중 한 명인 세마트랜스링크인베스트먼트 박희덕 대표도 비슷한 이야기를 했다. 김 대표는 차가운 냉철함과 뜨거운 실행력이라는 공존하기 어려운 두 가지 미덕을 함께 갖춘 드문 인재이며, 그 점이 지금까지 투자를 이어오게 한 가장 중요한 이유였다고 말이다.

앞서 물류센터에 일이 넘치면 대표가 직접 뛰어가 일손을 돕는다고 이야기했다. 사실 이런 에피소드는 무척 많다. 하루에서 이틀 동안 이어지는 긴 상품위원회에 꼬박꼬박 참여하며 의사결정을 주도하고, 지금도 매일 고객 VOC를 읽고 있다. 이 책을 집필하면서 마켓컬리가 김 대표의 헌신을 동력 삼아 성장했다는 걸 여러 차례 느낄 수 있었다.

"저는 네일아트를 하지 않아요." 김 대표는 맨 손톱을 보여주며 매니큐어를 건조시키는 한 시간 남짓의 시간 동안 아무 일도 할 수 없는 상황을 견디지 못한다고 말했다. 지난 다섯 해 동안 마켓컬리를 키운 건 팔 할이 김 대표의 열정이었다.

마켓컬리의 성장 요인

물론 창업자의 열정만으로 회사가 이 정도 성장하기는 어렵다. 앞서 여러 차례 이야기했듯이 직원들과 열정을 함께 나누고 실천할 수 있는 조직문화가 있어야 하고, 구성원 모두가 바뀐다 해도 고객이 느끼지 못할 만큼 업무가 동일하게 진행되는 운영 프로세스의 시스템화가 필요하다. 마켓컬리에는 이미 김 대표의 열정을 뛰어넘는 '컬리정신'이 있다. 회사의 고속 성장을 이끈 세 가지 비결을 다음과 같이 요약할 수 있다.

첫 번째 비결은 '진정성 있는 실행력'이다. 파트 1에서 언급한 것처럼 고객 지향을 그저 표방하는 것과 실천하는 것 사이에는 큰 차이가 있다. 마켓컬리가 전력을 다해 고객 가치를 추구하고 있다는 진정성이 느껴진 순간이 적지 않았다. '새벽 배송을 실현해낸 노력', '매입 시스템을 채택한 용기', 'VOC를 해결하기 위해 조직의 모든 역량을 집중하는 관행' 등이 좋은 예다.

김 대표에게 마켓컬리의 성장 비결을 스스로 분석해달라고 요청하자 그는 이렇게 답했다.

"무엇이 쉬운가가 아니라 무엇이 필요한가에 집중했습니다."

무엇이 쉬운 일이고, 무엇이 필요한 일이었을까? 대부분의 다른 유통사처럼 매출을 빨리 올려 손익분기점에 다다르기 위한 '쉬운 길'을 포기하고, 고객의 만족을 높일 수 있는 '어려운 길'을 선택했다는 의미가 아니었을까?

고객을 향한 마켓컬리의 가장 강한 진정성을 실감했던 부분은 직원 평가의 핵심 기준(KPI)이었다. MD의 KPI가 '매출'이 아니라 '상품 품질'과 'VOC 해결 역량'이었던 것이다. 회사가 아무리 특정 가치를 강조해도 직원들은 자기를 평가하는 기준인 KPI에 따라 움직이게 되어 있다. 예컨대 회장님이 아무리 '상생'을 외친다한들 직원의 KPI가 매출이나 영업이익에 있다면 그들은 협력사를 쥐어짜 이윤을 키울 수밖에 없다. 은행원들 사이에서는 "은행 직원들 KPI에 '남북통일'이 있었다면 진작 통일이 됐을 것"이라는 농담이 있다. 그만큼 KPI는 조직 운영에서 중요한 요소다. 대표가 자신 있게 '우리 회사의 KPI는 좋은 상품과 고객 불만 해소'라고 이야기하는 것만큼 한 회사의 고객 지향성을 진정성 있게 대표하는 말이 또 있을까?

마켓컬리의 두 번째 성장 비결은 '쉼 없는 트렌드 대응'이다.

"조금 빠르다 싶은 정도가 적정한 스피드인 것 같습니다."

김 대표는 변화를 강조한다. 우리는 트렌드 시대에 살고 있으며, 급속한 기술 발전과 소비자의 취향 변화로 시장과 고객은 늘 바뀐다. 그것도 매우 빠른 속도로 변한다. 이 트렌드 변화를 감당하지 못하면 아무리 크고 오래된 기업이라도 살아남기가 어렵다. 한때 시장점유율 1위를 차지했던 코닥이나 토마스 쿡의 몰락처럼 사례를 해외에서 찾을 것도 없다. 동네 곳곳을 점령했던 그 많던 비디오 대여점은 모두 어디로 갔을까?

그래서일까? 미국 유통 시장을 평정하고 이제는 '공룡'이라 불리는 아마존의 창업자 제프 베조스는 아직도 매일 '오늘이 아마존의 창업일 Day One'이라고 말한다. 그 이유는 바로 트렌드 대응 역량이 기업을 죽이고 살리는 데 핵심 요인이기 때문이다. 아마존이야말로 트렌드의 파도를 타고 고속 성장한 최대 수혜 기업이다. 따라서 그 파도를 역류하는 순간 몰락의 위기가 시작될 것이라는 걸 본능적으로 직감한 것이다. 아마존은 아직도 군살 없는 스타트업 정신을 강조한다. 2017년 아마존 연례보고서에는 '대기업병Day Two'으로부터 아마존을 지키는 네 가지 법칙이 명시돼 있다. '진정한 고객 지향', '절차화에 대한 저항', '최신 트렌드에 대한 신속한 대응', '빠른 의사결정 시스템'이 그것이다.[*]

이 책에 서술된 여러 사례는 모두 위의 네 가지 법칙에 따라 분류할 수 있다. 마켓컬리가 '스타트업 정신'을 잃지 않고 변화와 혁신에 대응해온 결과가 지금의 경이로운 성장으로 나타났다고 평가할 수 있는 것이다.

"어제의 최적화가 오늘의 비효율인 것 같습니다."

"처음 세운 기준은 지금까지 한 번도 바꾸지 않았습니다."

대담 중에 대단히 모순된 발언을 들었다. 하나는 끊임없이 변화하려 했다는 취지고, 다른 하나는 변하지 않으려고 노력했다는 의미다. 이 모순의 숨은 뜻은 쉽게 추론할 수 있다. 고객 가치를 높이기 위해 운영 프로세스를 바꿔야 할 점이 있다면 늘 변화를 지향했지만, 한 번 세운

---

[*]   김이재, 「잘 나가던 한인 기업 '포에버21'도 한 방에 훅 갔다」, 중앙일보, 2020.03.10

상품의 품질 기준은 끝까지 고수하며 고객의 신뢰를 쌓았다는 의미다. 트렌드 시대에 무엇을 지키고 무엇을 바꿀 것인가에 대한 인사이트를 던지는 말이다.

마켓컬리의 성장을 이끈 세 번째 비결은 '점진적인 학습 역량'이다. 이 책에는 다음과 같은 언급이 자주 등장한다.

"마켓컬리는 대단한 기술이나 아이디어를 가진 게 아니다. 고객을 향해 조금씩 개선하면서 성장해온 회사다."

마켓컬리가 고속 성장할 수 있었던 마지막 비결은 표현 그대로 '하루치의 혁신'을 거듭하며 매일 학습하고 그 결과를 조직 전체에 되먹이며 끊임없이 작은 성장을 도모했다는 점이다. 마켓컬리는 시행착오를 통해 성장한 회사다. 그들은 조급하지 않았다. 홈페이지를 오픈하며 17개의 상품으로 시작했다는 사실부터가 의미심장하다. 준비는 부족하지 않았다. 다만 처음부터 거창한 플랫폼을 만드는 데 의미를 두지 않고, '좋은 상품'을 제공하는 데 방점을 두었기 때문에 적은 상품 수가 문제되지 않았던 것이다. 그때까지 그들이 찾은 좋은 상품이 17개였을 뿐이다. 좋은 상품이 더 생기면 하나씩 추가하면 될 일이라고 생각했고, 그 축적이 오늘에 이르렀다.

많은 조직에서 철저한 계획을 세운다. 특히 체계가 잘 잡힌 대기업일수록 더욱 그렇다. '프레임워크'에서도 언급했지만 대규모 비용이 발생하는 투자를 앞두고 있다면 시간을 두고서라도 실패하지 않을 계획을 세우는 게 당연한 일이다. 그 증상이 심해지면 실패할 게 두려워, 책임질 일이 무서워 어느 누구도 결정을 내리지 못하고 중요한 사안을 계속해서 미루는 경우도 많다. 그러다 보면 과감하게 도전해야 할 순간에 방어적인 태도가 되면서 결정을 주저하게 되는 것이다.

마켓컬리는 그렇게 하지 않았다. 일단 실행하고 테스트하며 고쳐나갔다. 그들은 실패해도 언제나 시도하는 것을 더 높이 샀다. 결과가 좋지 않을 때는 책임을 다한 판단에 존중했다. 실패보다 나쁜 것은 아무런 일도 하지 않는 것이라 믿었으며, 일단 해보는 것이 가장 중요하다고 판단했다. 마켓컬리 직원들이 가장 많이 쓰는 단어도 '테스트'다.

이들은 젊은 조직이다. '원래 이런 것'이라는 고정관념이 없다. 그래서 더욱 남들이 하지 않은 일을 많이 시도해볼 수 있었다. 주 7일 새벽 배송 서비스도, 올페이퍼 챌린지도 일단 부족하지만 빨리 적용하고 지속적으로 문제를 해결하는 과정을 통해 지금의 궤도에 올려놓은 것들이다. 앞으로도 문제가 없으리라는 보장은 없다. 그 문제도 계속해서 시도되고 개선될 것이다. 이 과정에서 실패에 책임져야 할 사람은 아무도 없다. 실패하는 게 문제가 아니라, 실패로부터 배우지 못하는 것이 더 큰 문제기 때문이다.

이러한 점진적인 학습 역량은 변화가 격심해진 오늘의 시장에서 모든 조직에 필요한 역량이 됐다. 특히 온라인을 기반으로 한 회사는 더욱 그렇다. 온라인 여행사 그룹 익스피디아의 CEO 마크 오커스트롬은 이렇게 말한다.

"점차 디지털화되는 세상에서 대규모 실험을 하지 않는 기업은 장기적으로, 그리고 어떤 산업에서는 단기적으로 죽음에 이르게 된다."

기존의 방식(통제군 A)과 개선안(실험군 B)을 비교하는 절차를 AB테스트라고 한다. 현대의 조직은 끊임없이 AB테스트를 하며 고객의 편의성과 조직의 성과를 높이는 작업을 반드시 해야 한다.[*] 그런데 이런 일상적인 실험 문화를 만드는 데 조직이 직면하는 장애물은 비단 기술적인 문제가 아니다. 신념과 가치의 문제다.[**] 그런 의미에서 마켓컬리 역시 실험 문화를 정착하기 위해 조직 구성원 전체의 신념과 가치를 형성하고, 또 바꿔왔다고 평가할 수 있다.

'영선반보(領先半步)'

반 발짝 앞서 시장을 이끌라는 말이다. 역설적이지만 격변하는 트렌드 시대에는 고객으로부터 한 발짝 이상 앞서면 시장을 이끌어가기 어렵다. 오히려 시장의 변화에 보조를 맞추면서 딱 반 발짝만큼만 살짝 앞서는 것이 핵심적인 성공 요인이라고 볼 수 있다. 그러기 위해서는

---

[*] 이아보르 보이노프·기욤 생자크·마틴 팅글리, 「A/B테스트의 함정 피하기」, 하버드비즈니스리뷰, 2020.3-4월호

[**] 스테판 톰케, 「실험이 일상인 조직문화 만들려면?」, 하버드비즈니스리뷰, 2020.3-4월호

소비 트렌드 변화를 항상 민감하게 감지하고 있어야 함은 물론이다.

코로나 이후, 마켓컬리가 이끌어갈 유통의 미래

2020년 초반 코로나 바이러스 사태는 국민의 생활에 큰 불편과 불안을 초래했다. 경제에서도 마찬가지다. 특히 유통 산업에서 커다란 변화가 있었다. 2019년에도 이미 온라인 유통이 전통적인 오프라인 대기업 유통을 턱밑까지 추격했는데, 코로나 사태 이후 말 그대로 지각변동이 일어난 것이다. 이커머스 주문이 폭주하기 시작했고, 마켓컬리를 위시해 쿠팡·G마켓·네이버 등의 성장세가 두드러졌다. 오프라인 유통도 온라인 부문을 빠르게 보강하고 있다. 롯데는 통합몰 '롯데온'을 출범시켰고, 신세계는 'SSG닷컴' 물류센터를 증설했으며, 현대백화점 그룹은 회사별로 온라인몰 전문성을 키우는 특화 전략을 활발하게 펼치고 있다.*

이 같은 온라인 유통 대전에서도 화두는 신선식품이다. 언론에서는 '신선식품이 쏘아올린 온라인 쇼핑 2차 대전'이라 부를 정도다.** 신선식품은 자주 구매할 수밖에 없어 고객을 끌어들이는 핵심적인 역할을 하는 만큼 그 중요성이 다른 식품군과 다르기 때문이다. 코로나 사태 이후 이커머스 채널의 매출은 34퍼센트 증가했고, 그중에서도 식품 매출은 전년 대비 92퍼센트나 급증했다. 그 때문인지 신세계 'SSG닷컴',

---

* 김태성, 「오프라인 유통공룡도 온라인서 판키운다」, 매일경제, 2020.04.12
** 이송원 외, 「10시에 클릭하신 광어회, 2시에 갖다드립니다」, 조선일보, 2020.04.14

풀무원 '올가홀푸드', 쿠팡 '로켓프레시', BGF '헬로네이처' 등이 신선식품 소비자를 잡기 위한 각축전을 벌이고 있다.

마켓컬리가 이러한 신선식품 유통 격전지의 중심에 서 있음은 분명하다. 나아가 코로나 사태가 종식된 이후에도 이러한 트렌드는 더 강화될 것이라는 데 주목해야 한다. 프롤로그에서 논의한 바 있듯이 이번 코로나 사태와 같은 돌발적인 재난은 트렌드의 방향을 바꾸지 않는다. 기존에 떠올랐던 트렌드를 더욱 강화시키고, 기존에 저물던 트렌드는 더욱 약화시킬 것이다. 이커머스 채널도 마찬가지다. 그동안 온라인 마켓 이용자의 저변은 지속적으로 확대하고 있었다. 『트렌드 코리아 2020』에서는 그 현상을 이렇게 적고 있다.

마찬가지로 젊은 세대에게 인기가 높은 '편리미엄' 서비스를 눈여겨보는 오팔 소비자도 늘고 있다. 식료품 배송 서비스 '마켓컬리'의 50대 회원은 2018년 상반기, 전년 대비 10배 가까이 증가했다. 모바일 쇼핑에 대한 접근성이 높아진 50대 이상 연령층이 자신보다 젊은 세대로부터 검증받은 서비스 사용에 적극적으로 합류하기 시작한 것이다.

- 『트렌드 코리아 2020』, 오팔세대, p.374

코로나 사태는 이러한 현상에 기름을 붓는 격이 됐다. 그동안 이커머스를 이용하지 않던 50~60대 '오팔세대'를 모바일 소비에 대거 유

입시킨 것이다. 그 편리함을 깨달은 소비자들은 코로나 사태가 종식된 이후에도 상당수 해당 채널에 머물 확률이 크다. 고객층이 또 한 번 폭발적으로 증가할 계기가 마련됐다는 의미다. 그런 뜻에서 마켓컬리의 성장을 위한 양적 토대는 충분하다고 여겨진다.

그렇다면 질적 토대는 어떨까? 마켓컬리의 미래를 이야기할 때 항상 언급되는 부분이 영업 적자의 문제다. 매출은 폭발적으로 늘었지만, 물류 인프라에 대한 투자로 영업 이익은 설립 이후 계속 적자를 기록하고 있기 때문이다. 일부에서는 이커머스 업체들이 과연 언제쯤 흑자로 돌아설 수 있을지 의문을 제기하기도 한다. 비관론자에게는 고객층의 양적 확대도 좋은 소식이 되지 못한다. 물류와 배송 비용의 문제가 구조적인 이슈라면, 매출이 늘면 늘수록 적자폭이 커지는 구조적인 문제를 피할 수가 없기 때문이다. 하지만 마켓컬리는 다음의 두 가지 이유 때문에 경우가 다르다고 생각한다.

첫째, 마켓컬리는 이제 양적 확장뿐만 아니라 질적 심화를 모색하고 있다. 대담 중에 덕담 삼아 "머지않아 전국적으로 새벽 배송을 실시할 수 있겠죠?" 하고 물었더니, 김 대표는 당분간 그럴 계획이 없다고 답했다. 오히려 지금 인프라를 갖춰놓은 지역을 위주로 콜드체인 다변화에 힘을 쏟고 싶다는 것이다. 순간 '매우 현명한 판단'이라는 생각을 했다. 앞으로는 수익성을 개선하는 데 역량을 집중하겠다는 의지다.

둘째, 마켓컬리는 소위 충성도 높은 고객을 유지하는 데 우위를 두고 있다. 마켓컬리의 고객유지율Retention Ratio은 타 커머스 대비 매우 높은 편이다. 타 커머스에서 가격·배송만으로 기능 경쟁을 하는 사이에 마켓컬리는 고객 경험에 대한 만족도에 초점을 맞춰 서비스의 질을 격상시켰다. 고객 유지 측면에서 유리한 지위를 점한 셈이다.

오히려 마켓컬리에는 새로운 기회의 영역이 많다. 코로나 이후 '집'은 가장 뜨거운 공간이 됐다. 이에 접근하고자 하는 다른 산업군의 기업들과 다양한 협업을 통해 또 다른 비즈니스 방향을 기획할 수 있다. 보안을 위해 자세한 사례는 적지 않지만, 단순한 이커머스 업체가 아니라 코로나 이후 '언택트 비즈니스'를 이끄는 홈 기반 플랫폼으로서 마켓컬리의 역할이 기대된다.

서비스를 오픈한 2015년 5월 21일, 17개 상품으로 시작한 작은 벤처 스타트업이 이제는 한 주에 300여 개의 상품을 입점시킬 만큼 단단한 유통 플랫폼으로 성장했다. 하지만 전체 시장에 비하면, 그리고 마켓컬리가 할 수 있는 잠재력에 비하면 꿈은 아직 절반도 이뤄지지 않았다. 대담을 마치면서 나는 김 대표에게 "마켓컬리가 김 대표보다 오래 존재하기를 바란다"라고 했다. 이에 김 대표도 진정으로 "그런 회사를 만들고 싶다"라고 화답했다.

지금 이 시점에 그 소망이 이뤄지려면 무엇이 가장 필요할까? 마켓컬리가 원대한 꿈을 향해 성장하고 또 오래 지속되려면 무엇을 해야 할까? 단 한 가지만 적어야 한다면 고객에 대한 진정성을 끝까지 잃지 말아달라고 부탁하고 싶다. 그래서 마켓컬리에도, 끝으로 독자 여러분에게도 프롤로그에 적은 마지막 그 말을 전하고자 한다.

"더도 말고 덜도 말고,
'처음' 마켓컬리처럼."

마켓컬리 인사이트

초판 1쇄 발행 2020년 5월 20일
초판 6쇄 발행 2022년 5월 18일

지은이 김난도
펴낸이 김선식

경영총괄 김은영
책임편집 한다혜 디자인 윤유정 크로스교정 조세현 책임마케터 권장규
콘텐츠사업1팀장 임보윤 콘텐츠사업1팀 윤유정, 한다혜, 성기병, 문주연
편집관리팀 조세현, 백설희 저작권팀 한승빈, 김재원, 이슬
마케팅본부장 권장규 마케팅2팀 이고은, 김지우
미디어홍보본부장 정명찬
홍보팀 안지혜, 김은지, 박재연, 이소영, 이예주, 오수미
뉴미디어팀 허지호, 박지수, 임유나, 송희진, 홍수경
경영관리본부 하미선, 이우철, 박상민, 윤이경, 김재경, 최완규, 이지우, 김혜진, 오지영, 김소영, 안혜선, 김진경
물류관리팀 김형기, 김선진, 한유현, 민주홍, 전태환, 전태연, 양문현
외부스태프 본문 사진 주식회사 컬리

펴낸곳 다산북스 출판등록 2005년 12월 23일 제313-2005-00277호
주소 경기도 파주시 회동길 490
전화 02-702-1724 팩스 02-703-2219 이메일 dasanbooks@dasanbooks.com
홈페이지 www.dasan.group 블로그 blog.naver.com/dasan_books
종이 IPP 출력 및 인쇄 민언프린텍 코팅 및 후가공 제이오엘앤피 제본 국일문화사

ⓒ 2020, 김난도

ISBN 979-11-306-2973-5 (03320)